民航机场地面服务

主 编
刘伟波

副主编

韩春艳　杨卫卫

朱新铭　张　婷

清華大學出版社
北京

内 容 简 介

本书以民航旅客地面运输服务为研究对象,结合民航地面服务工作的实际需要,分 11 章介绍了相关理论知识和业务技能,具体包括民用航空概述、航空公司和机场、民用航空旅客运输基础知识、航空售票、机场航站楼公共服务、机场值机服务、行李运输服务、安检服务、联检服务、特殊旅客运输服务、不正常运输服务。

本书结合作者多年来的教学和实践经验,注重将新的民航规定和成果纳入其中。本书可供民航特色类专业本专科学生使用,也可供民航行业相关工作人员参考。

图书在版编目(CIP)数据

民航机场地面服务/刘伟波主编. —北京: 清华大学出版社, 2023.7
ISBN 978-7-302-64281-7

Ⅰ. ①民… Ⅱ. ①刘… Ⅲ. ①民用机场-商业服务-高等职业教育-教材 Ⅳ. ①F560.81

中国国家版本馆 CIP 数据核字(2023)第 138455 号

责任编辑: 陆浥晨
封面设计: 汉风唐韵
责任校对: 王荣静
责任印制: 曹婉颖

出版发行: 清华大学出版社
    网　　　址: http://www.tup.com.cn, http://www.wqbook.com
    地　　　址: 北京清华大学学研大厦 A 座　　　　邮　　编: 100084
    社 总 机: 010-83470000　　　　　　　　　　邮　　购: 010-62786544
    投稿与读者服务: 010-62776969, c-service@tup.tsinghua.edu.cn
    质 量 反 馈: 010-62772015, zhiliang@tup.tsinghua.edu.cn
印 装 者: 三河市东方印刷有限公司
经　　销: 全国新华书店
开　　本: 185mm×260mm　　　　印　张: 10.75　　　字　数: 244 千字
版　　次: 2023 年 7 月第 1 版　　　　　　　　　印　次: 2023 年 7 月第 1 次印刷
定　　价: 45.00 元

产品编号: 099706-01

目 录

第一章

民用航空概述

民用航空的统计数据显示，我国目前已是仅次于美国的全球第二大航空市场，并迅速成为全球民航运输业增长的核心。本章将主要介绍民用航空相关知识，回顾世界民用航空及我国民用航空的发展脉络。

第一节　民用航空的概念与分类

一、民用航空的概念

航空业在发展初期只是一个单一的行业。随着航空制造技术的不断发展，到 20 世纪 20 年代，航空业形成了三个相对独立而又紧密相连的行业，分别是航空制造业、军事航空和民用航空。其中航空制造业是航空业的基础，它是指研究、使用最新的技术，制造出适用于各种目的和使用条件的航空器及其设备的活动；军事航空指为保卫国家以及维护国家安全而进行的军事性质的航空活动，包括空军保卫国家领空、警察使用航空器执行任务、海关使用航空器打击走私等，它是国防的重要组成部分；民用航空是指使用航空器从事除军事性质以外的所有民间性质的航空活动，因此，它是航空活动的一部分，"使用"航空器界定了它和航空制造业的界限，"非军事"性质界定了它和军事航空等国家航空活动的不同。

二、民用航空的分类

一般情况下，民用航空（简称民航）可分为商业航空和通用航空两类。

商业航空，也称为航空运输，是指在国内和国际航线上的经营性的从事定期和不定期飞行，运送旅客、行李、货物和邮件的航空活动。一般可用于商业航空的航空器有气球、汽艇、飞机等。它的经营性表明这是一种商业活动，以盈利为目的。它又是运输活动，是交通运输的一个组成部门，与铁路、公路、水路和管道运输共同组成了国家的现代交通运输体系。与其他交通方式相比，商业航空运输具有速度快、时间短、机动性强、安全舒适等优势，适宜于距离长、时间短的运输，但其运营成本较高、能耗大、运输能力小，且易受气候条件的影响，因此可考虑综合使用多种运输方式，以完成某项运输任务。近些年随着大型枢纽中心的建成，不同交通工具之间的联运变得更加方便。

通用航空，是指除商业航空（航空运输）以外的民用航空活动。按照国际民航组织的分类，通用航空包括的内容和范围十分广泛，具体可分为以下几类：①工业航空：包括使用航空器进行工矿业有关的各种活动，具体的应用有航空摄影、航空遥感、航空物探、航空吊装、石油航空、航空环境监测等；②农业航空：包括为农、林、牧、渔各行业服务的航空活动，如森林防火、灭火、撒播农药等；③航空科研和探险活动：包括新技术的验证、新飞机的试飞，以及利用航空器进行的气象天文观测和探险活动；④飞行训练：除培养空军驾驶员以外的培养各类飞行人员的学校和俱乐部的飞行活动；⑤航空体育运动：用各类航空器开展的体育活动，如跳伞、滑翔机、热气球及航空模型运动等；⑥公务航空：大企业和政府高级行政人员用单位自备的航空器进行的公务活动等；⑦私人航空：私人拥有航空器进行的航空活动。

通用航空在我国主要指前五类，后两类在我国才开始发展，但在一些航空强国，公务航空和私人航空所使用的航空器占通用航空的绝大部分。

第二节 世界民用航空发展概况

一、航空器的产生与发展

人类很早就对浩瀚无垠的蓝天充满了好奇。从古至今，航空器的发展大致经历了以下4个阶段。

（一）飞行探索阶段

人类最早进行的飞行探索是"仿鸟飞行"，即利用各种材料在自己身上安装"翅膀"，试图像鸟一样飞上天空。但由于人和鸟在生理结构上的差异，这些尝试都无一例外地失败了。尽管如此，人们在对鸟翼的研究中获得了许多关于升力产生原因的最早成果，为之后的飞行探索积累了宝贵经验。

人类第一次成功飞上天空是乘坐轻于空气的热气球。1783 年，法国的蒙特哥菲尔兄弟乘坐自己制造的热气球升空，离开地面 900 米，空中停留时间 25 分钟，飞行约 5 千米。随后德国人开始用热气球运送邮件和旅客，这可以看作民用航空的开始。由于热气球只能顺风漂流，无法掌握航向做定向飞行，因此人们开始尝试使用动力来掌握和控制飞行方向。1852 年，法国人吉法尔最早制造成功了装有导向装置和动力装置的气球——飞艇。基本上，整个 19 世纪是气球、飞艇这些轻于空气的航空器主宰航空的时代。

直到飞机这种重于空气的航空器出现之后，才真正预示着航空时代的到来。1903 年，本为自行车设计师的美国莱特兄弟设计制造了"飞行者一号"飞机，这架飞机机体由钢管、木材和布制成，机翼翼展 12.8 米，重 390 千克，如图 1-1 所示。1903 年 12 月 7 日，他们利用这架飞机成功进行了四次飞行，最远的一次飞行 260 米，滞留空中时间 59 秒，这是人类第一次利用重于空气的飞行器进行持续的动力飞行，是航空技术的一次伟大突破。

（二）活塞发动机飞机阶段

最初飞机主要用于军事用途，特别是第一次世界大战和第二次世界大战，极大地推动了航空技术的发展，许多国家成立了专门的航空科学研究机构，形成了初步的航空工业体系。这个阶段飞机的动力装置主要是活塞发动机，其功率随着飞机速度的需要而大幅度提高，有的飞机甚至装有多台发动机。这一时期飞机的飞行速度从 16 千米/小时提高到 755 千米/小时。

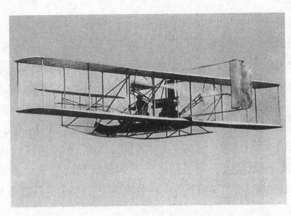

图 1-1　莱特兄弟的"飞行者一号"飞机

活塞发动机采用螺旋桨产生拉力，经济性能好，在低空飞行时效率较高，在低速飞机上具有较好的效果。但如果活塞发动机要增加其马力，必须要增加发动机气缸的容积和数量，相应的就会使飞机本身重量和体积成倍增长。因此活塞发动机的使用限制了飞机速度的进一步增加，时速 755 千米是活塞发动机飞机的极限速度。要进一步提高飞机的飞行速度，必须要选择新的动力装置。

（三）喷气式飞机阶段

喷气式发动机是利用反作用原理产生推动力的一种发动机形式。选择适当的氧化剂和燃烧剂即可增加飞机所获推力，使飞机速度得到提高，因此喷气式发动机功率大，适合高速飞行。第一批喷气式飞机问世后，飞机的飞行速度很快提升到 900 千米/小时以上。但当飞机速度接近于音速时，飞机受到激波影响而使速度无法继续提高，同时会发生强烈振动甚至造成机毁人亡的事故。音速成为似乎无法逾越的速度上限，这个现象被称为"音障"。为突破音障，人们尝试了多种措施，如加大发动机推力、对飞机外形进行改变、采用阻力小的机型等。1947 年，美国的贝尔 X–1 飞机在 12800 米高空首次突破音障，从此飞机的设计制造进入超音速飞行的崭新阶段。

（四）飞机技术的新发展阶段

目前，计算机及各种电子设备在飞机上广泛得到应用，飞机的各方面技术性能都得以提高。大型飞机上普遍装有自动驾驶系统、自动着陆系统等先进自动操作系统，在驾驶操作上更为方便，同时增强了安全性。大量新型复合材料在飞机上的使用既减少了飞机自身的重量，也提高了飞机的耐热程度，进一步提高了飞机的速度。因此，随着微电子技术、计算机技术、新材料、新能源、新工艺的发展和在航空业中的应用，飞机必将进一步向一体化、综合化、信息化方向发展，未来飞机的机载能力、动力性能、适应性和经济性方面都将得到进一步提升。

二、航空运输业的产生与发展

飞机的试飞成功为航空运输业奠定了基础。20 世纪 20 年代前后，是世界航空运输业迅速发展的时期。随着第一次世界大战的结束，许多国家开始把剩余的军用飞机改装为民用飞机，使民用航空迎来了特别的发展期。1919 年，"一战"后第一架用于空中载客服务的客机是德国鲁姆普勒公司用"鸽"式侦察机改装的鲁姆普勒飞机，其每次可以载两名乘客，这是世界上第一架民航飞机，设计者是奥地利人伊格·埃特里希。同时，一批航空公司相继涌现，例如，荷兰皇家航空公司（Koninklijke Luchtvaart Maatschappij，KLM）创建于 1919 年；德国的汉莎公司建于 1928 年，其前身可追溯到 1919 年；瑞士航空公司建于 1931 年，其前身巴尔公司也成立于 1919 年。但在开始几年，航空公司用的飞机差不多全部都由轰炸机或侦察机改装而成，只是把敞开式的座舱封闭起来，装了几把座椅，每次载客量一般只有 4～5 人，最大的飞机只能坐 19 名乘客，飞行速度一般也不到 200 千米/小时，航程大约为 400～900 千米。

这个时期是欧美国家民航运输快速发展的阶段。1918 年，美国在华盛顿和纽约之间开办了民用邮政航班，第二年开办了洲际间的白天航空邮政业务。1921 年开办了日夜邮运航班。1919 年 2 月，德国开通了由柏林到魏玛的航线，这是欧洲第一条民航定期航线。同年 3 月，法国飞机商法尔曼公司开始在巴黎—伦敦、巴黎—布鲁塞尔运送旅客，成为当时世界上最繁忙的航线，这也开辟了世界上最早的国际民航旅客运输航线。这之后的 20 年间，民用航空迅速从欧美普及到亚、非、拉美各洲，并扩展到全球各地。1933 年，美国人林白驾驶飞机横越大西洋成功，把航空运输由国内飞行扩展到了洲际飞行。

第二次世界大战中断了民航发展的进程。由于战争对航空的巨大推动力，航空技术在这段时间取得了飞跃式发展。特别是战争后喷气式飞机的出现，为日后民航发展奠定了基础。从 20 世纪 50 年代开始，喷气式飞机进入民航领域，开始了民用航空的一个新阶段。1950 年，世界上第一架涡轮螺旋桨喷气客机——英国的"子爵号"投入使用；1956 年，苏联的图-104 投入航线；1958 年，美国的波音 707 和 DC-8 投入航线。其中波音 707 的速度可达到 1000 千米/小时，航程可达 12000 千米，载客约 160 人。正是由于喷气式飞机的使用，远程、大众化和廉价的航空成为可能。1970 年后，客机开始向大型化、高速化方向发展，如波音-747 和协和式飞机。

进入 21 世纪以后，世界大型枢纽机场的空域日渐紧张，空中交通拥挤现象越发明显。各大飞机制造商在高性能飞机研制方面你追我赶，例如，波音公司的波音 787 被称为航空史上首款超远程中型客机，空中客车公司推出的超大型飞机 A380 则胜在载客能力强，且能为旅客提供更加舒适豪华的服务，如图 1-2 所示。

图 1-2　波音 787 飞机（左）及空中客车 A380 飞机（右）

三、重要的国际民航业组织

（一）国际民航组织

国际民航组织（International Civil Aviation Organization，ICAO）是联合国属下的一个专门机构，专门负责管理和发展国际民航事务，其徽标如图1-3所示。国际民航组织的总部设在加拿大蒙特利尔，其主要活动是研究国际民用航空的问题，制定民用航空的国际标准和建议措施，鼓励使用统一的航行、安全、安保等方面的国际规章等。截至2019年8月19日，国际民航组织共有193个成员国。

图1-3　国际民航组织徽标

国际民航组织的前身为根据1919年《巴黎公约》成立的空中航行国际委员会。由于第二次世界大战对航空器技术发展起到了巨大的推动作用，世界上已经形成了一个包括客货运输在内的航线网络，但随之也引起了一系列亟需国际社会协商解决的政治上和技术上的问题。因此，国际航班的操作标准化至关重要，这样才不至于由于误解或经验不足造成失误。但建立诸如空中规则、空中交通管制、人员执照、机场设计等标准，以及建立对于航空安全极为重要的许多具体的标准，只靠一个国家的行动是不可行的。在这个背景下，由美国政府进行邀请，52个国家于1944年11月1日至12月7日参加了在芝加哥召开的国际民航会议，签订了《国际民用航空公约》（简称《芝加哥公约》），按照公约规定成立了临时国际民航组织（Provisional International Civil Aviation Organization，PICAO）。1947年4月4日，《芝加哥公约》正式生效，国际民航组织也因此正式成立，并于5月6日召开了第一次大会。同年5月13日，国际民航组织正式成为联合国的一个专门机构。国际民航组织大会是国际民航组织的最高权力机构，每3年至少召开一次，由理事国组成的理事会是该组织的日常决策机构。

《芝加哥公约》的各条款规定了所有缔约国应享有的特权和受到的限制，规定采用管理航行的国际标准和建议措施，建议各缔约国安装航行设施并建议减少海关和移民手续以方便航空运输。该公约承认每一国家对其领土之上的空气空间具有完全的和排他的主权的原则，并规定未经一缔约国事先同意，任何定期国际航班不得飞越或飞入其领土、领空。

国际民航组织的宗旨和目的在于发展国际航行的原则和技术，促进国际航空运输的规划和发展，以便实现下列各项目标：①确保全世界国际民用航空安全地和有秩序地发展；②鼓励为和平用途的航空器的设计和操作技术；③鼓励发展国际民用航空应用的航路、机场和航行设施；④满足世界人民对安全、正常、有效和经济的航空运输的需要；⑤防止因不合理的竞争而造成经济上的浪费；⑥保证缔约各国的权利充分受到尊重，每一缔约国均有经营国际空运企业的公平的机会；⑦避免缔约各国之间的差别待遇；⑧促进国际航行的飞行安全；⑨普遍促进国际民用航空在各方面的发展。前四条为技术问题，主要是安全；后五条为经济和法律问题，主要是公平合理，尊重主权。其共同目的是保证国际民航安全、正常、有效和有序地发展。

我国是国际民航组织的创始成员国之一，中华民国国民政府代表张嘉璈于 1944 年 12 月 7 日签署了《芝加哥公约》，并于 1946 年 2 月 20 日交存了批准书，我国成为国际民航组织的创始成员国。1950 年 5 月，我国政府致电联合国秘书长和国际民用航空组织，要求驱逐台湾当局的代表。1971 年 11 月 19 日，国际民航组织秘书长通知我国政府，国际民航组织第 74 届理事会通过决议，承认中华人民共和国政府的代表为中国驻国际民航组织的唯一合法代表。1974 年 2 月 15 日，我国政府致函国际民航组织，承认《芝加哥公约》并从即日起恢复参加国际民航组织的活动。1974 年 9 月 24 日至 10 月 15 日，中国代表团出席了国际民航组织第 21 届会议并当选为理事国，同年 12 月，我国政府派出了驻国际民航组织理事会的代表。

我国自 1974 年以来，连续 10 次当选为国际民航组织二类理事国，并于 2004 年竞选成为一类理事国。2022 年 9 月 27 日至 10 月 7 日，国际民航组织第 41 届大会在加拿大蒙特利尔国际民航组织总部举行，大会以"重新连接世界"为主题，采取线上线下相结合的方式召开。作为自新冠肺炎疫情以来全球民航业规模最大的一次线下会议，184 个国家和 56 个国际组织的 2548 名代表注册参会，现场参会代表逾 2214 人，参会人数创历史纪录。与会各方围绕航空业的创新性、新冠肺炎疫情后的行业复苏和可持续发展等议题，讨论和制定了多项政策和规则，审议了 600 多份工作文件，旨在进一步提高全球民航业的安全、可靠与环境保护水平。在国际民航组织理事国选举中，我国再次成功连任一类理事国，并获颁国际民航组织杰出资源贡献奖。

（二）国际航空运输协会

国际航空运输协会（International Air Transport Association，IATA）是一个由世界各国航空运输企业联合组成的非政府、非营利性的航空公司行业协会，是全世界非常有影响力的航空运输组织，其徽标如图 1-4 所示。其宗旨是"为了世界人民的利益，促进安全、正常而经济的航空运输""对于直接或间接从事国际航空运输工作的各空运企业提供合作的途径""与国际民航组织以及其他国际组织通力合作"。它的前身是 1919 年在海牙成立并在"二战"时解体的国际航空业务协会，协会总部设在加拿大的蒙特利尔。与监管航空安全和航行规则的国际民航组织相比，它更像是一个由承运人（航空公司）组成的国际协调组织，管理在民航运输中出现的诸如票价、危险品运输等问题，主要作用是通过航空运输企业来协调和沟通政府间的政策，并解决实际运作的问题。

图 1-4　国际航空运输协会徽标

凡国际民航组织成员国的任一经营定期航班的空运企业，经其政府许可都可以成为该协会的成员。经营国际航班的航空运输企业为正式会员，只经营国内航班的航空运输企业为准会员。协会的主要活动有：①协商制定国际航空客货运价；②统一国际航空运输规章制度；③通过清算所统一结算各会员间及会员与非会员间联运业务账目；④开展业务代理；⑤进行技术合作；⑥协助各会员公司改善机场布局和程序标准，以提高机场营运效率等。

1993 年 8 月，中国国际航空公司、中国东方航空公司和中国南方航空公司正式加入该组织。此后，我国其他航空公司也相继加入。1994 年 4 月，国际航空运输协会在北京设立了中国代理人事务办事处。

截至 2016 年 11 月，国际航空运输协会共有 265 个会员。其最高权力机构是全体会员大会，每年召开一次。执行委员会有 27 个执行委员，由年度大会选出的空运企业高级人员组成，任期三年，每年改选 1/3，协会的年度主席是执行委员会的当然委员。常设委员会有运输业务、技术、财务和法律委员会，秘书处是办事机构。2021 年 10 月 4 日，在美国波士顿举办的第 77 届国际航空运输协会年度大会上生效了一项重要决议：国际航协自1945 年创立以来，首次修订了国际航协章程的语言条款，中文也成为国际航协章程语言条款 76 年来唯一增加的语言，原来的语言仅有英语、法语、西班牙语和阿拉伯语（阿拉伯语文件的翻译仅限于阿拉伯语会员要求的年会文件）四种创始语言。2022 年 6 月 19 日，第 78 届国际航空运输协会年度大会暨世界航空运输峰会在卡塔尔首都多哈开幕，本次年会是新冠肺炎疫情暴发以来第一次以完全线下形式举行的年会，该年会围绕国际航空运输在新冠肺炎疫情下的复苏前景、乌克兰局势对航空业的影响及行业的可持续发展等议题展开讨论。

第三节　我国民用航空发展概况

一、我国民用航空的发展历程

（一）旧中国时代民航发展

1909 年 9 月 21 日，旅美华侨冯如驾驶着自制的飞机——冯如一号，在美国奥克兰市上空翱翔了804米，并安全着陆，这是中国人第一次实现了飞上天空的梦想，由此揭开了我国航空史的第一页。

1910年，清政府向法国买进一架"法曼"双翼机，这是我国拥有的第一架飞机，同时，在北京南苑五里店建立了中国最早的飞机场和飞机修理厂，这也是我国首座机场。1920年开通的北京—天津航线是我国的第一条航线，中国民航由此拉开了序幕。

1928年南京国民政府开始筹办民用航空。1929年5月，国民政府同美国航空开拓公司在上海合资组建了中国航空公司。到1947年年底，中国航空公司已拥有以上海为中心的国内航线31条、国际及地区航线5条、飞机46架、员工3970人。

1930年2月，中德合资筹建欧亚航空公司。1936年开通了广州到河内的航线，这是我国的第一条国际航线。1943年，国民政府改组欧亚航空公司为中央航空公司，公司在重庆正式成立。到1947年，中央航空公司有飞机42架、航线26条、通航城市27个。

（二）新中国民航发展

新中国民航事业是从小到大逐渐发展起来的，大致经历了五个发展阶段。即1949—1957年的初创时期，1958—1965年的调整时期，1966—1976年的曲折前进时期，1977—2001年新的发展时期，2002年之后的高速发展时期。

1. 初创时期（1949—1957年）

1949年11月9日，在中国共产党的领导下，中国航空公司、中央航空公司在香港的员工发动起义，率领12架飞机飞回北京和天津。两航起义归来的大批技术业务人员，成为新中国民航事业建设中一支主要技术业务骨干力量。当时回归的12架飞机，加上后来修复的国民党遗留在大陆的17架飞机，构成了新中国民航事业创建初期飞行工具的主体。到1957年年底，中国民航已拥有各类飞机118架，绝大部分机型为苏联飞机。在这一时期，民航重点建设了天津张贵庄机场、太原亲贤机场、武汉南湖机场和北京首都机场。首都机场于1958年建成，从此中国民航有了一个较为完备的基地。

2. 调整时期（1958—1965年）

由于受"大跃进"的影响，中国民航存在的主要问题有：忽视客观经济规律，搞高指标、大计划，造成比例失调；地方航线盲目下放各省、自治区管理；承担了大量非正常的航空运输；不讲经济效益，企业出现亏损。在这一时期的头几年，中国民航遭受了较大的冲击和挫折。

1961年开始，民航系统认真贯彻执行中央"调整、巩固、充实、提高"的方针，使民航事业重新走上正轨，并取得较大的发展。到1965年，国内航线增加到46条，国内航线布局重点也从东南沿海及腹地转向西南和西北的边远地区。通用航空的发展在这个时期稳步上升。1965年年末，中国民航拥有各类飞机355架。1959年，中国民航购买了伊尔18型飞机，标志着中国民航从使用活塞式螺旋桨飞机开始过渡到使用涡轮螺旋桨飞机。1963年，中国民航又购买了英国的子爵号飞机，从而结束了长期以来只使用苏制飞机的状况。为了适应机型更新和发展国际通航需要，我国在此期间新建和改建了南宁、昆明、贵阳等地的机场，并相应改善了飞行条件和服务设施，特别是完成了上海虹桥机场和广州白云机场的扩建工程。

3. 曲折前进时期（1966—1976 年）

在这一时期的前五年，中国民航业遭受了严重的破坏和损失。1971 年 9 月后，中国民航在周总理的关怀下，将工作重点放在开辟远程国际航线上。到 1976 年年底，中国民航的国际航线已发展到 8 条，通航里程达到 41000 千米，占通航里程总数的 41%。国内航线增加到 123 条。

1971 年，中国民航从苏联购买了 5 架伊尔 62 飞机，1973 年又从美国购买了 10 架波音 707 型飞机，还从英国购买了三叉戟客机和从苏联购买了安 24 型客机。这样，中国民航各型运输飞机总数达到 117 架，能够较好地贯彻“内外结合、远近兼顾”的经营方针。中国民航企业从 1975 年开始扭亏为盈，从而扭转了长期亏损和依靠国家补贴的被动局面。

4. 新的发展时期（1977—2001 年）

党的十一届三中全会以后，中国民航事业加快了前进步伐，并取得了非常大的成就。1980 年，邓小平同志指出，民航一定要走企业化的道路。同年 3 月，民航局再次改为由国务院领导的直属局。此后，中国民航在管理体制方面进行了改革，包括：为改变独家经营的局面，以原有六个管理局为基础分别组建了六家国家骨干航空公司；积极支持各地、各部门创办航空公司；将机场和航务管理分开，机场成立独立的企业单位；航务管理归属政府部门，受地区管理局领导。民航总局作为国务院管理民航事业的部门，不再直接经营航空业务，主要行使政府职能，进行行政管理。

1980 年，中国民航购买了波音 747SP 型宽体客机，标志着我国的飞机使用已部分达到了国际先进水平。1983 年后，通过贷款、国际租赁和自筹资金相结合的方式，购买了一批波音和麦道多种型号的先进水平飞机，使中国民航使用的运输飞机达到国际先进水平。到 1990 年末，中国民航已拥有各型飞机 421 架，其中运输飞机 206 架，通用航空和教学校验飞机 215 架。

大中型客机的引进客观上要求民航机场有与之相适应的发展水平和配套设施，民航机场出现了前所未有的兴旺局面。截至 1990 年底，有民航航班运营的机场总数达到 110 个，其中可起降波音 747 型飞机的机场有 7 个。

“八五”期间，中国民航继续保持持续、快速发展的势头。到 1995 年，全行业完成运输总周转量 71.4 亿吨千米，旅客运输量 5117 万人，货邮运输量 101 万吨，五年年均增长率分别为 23.4%、25.3%和 22.2%。航线总数达到 797 条。“八五”时期是我国民用飞机数量增长最快的时期。1995 年末，我国民用飞机总架数达到 852 架，其中运输飞机 416 架，通用航空和教学校验飞机 436 架。这期间共完成基本建设和技术改造投资 320 亿元，新建、迁建机场 19 个，改扩建机场 15 个，同时新开工了一些大型机场建设项目。到 1995 年末，有航班运营的机场 139 个，其中能起降波音 747 飞机的 14 个，起降波音 737 飞机的 81 个。

5. 2002 年至今的高速发展时期（2002 年至今）

2002 年航空运输实现快速增长。初步统计，全行业完成运输总周转量、旅客运输量和货邮运输量达到 162 亿吨千米、8425 万人和 198 万吨，比上年分别增长 14.9%、12%和 15.8%，均高于年初预期。

2004 年，民营资本开始进入航空市场。2005 年 1 月和 8 月，民航总局颁布了两部民航规章《公共航空运输企业经营许可规定》和《国内投资民用航空业规定（试行）》，放宽了民航业的投资准入及投资范围，激发了民营资本投资民航业的热情。

2008 年底，我国共拥有民用运输飞机数量 1259 架，具有独立法人资格的运输航空公司 41 家，开辟定期航线总数 1532 条其中国内航线 1235 条，通航全国内地 150 个城市；国际航线 297 条，通航 46 个国家的 104 个城市。2013 年，中国大陆民用航空定期航班通航机场 190 个、通航城市 188 个。

截至 2021 年底，我国境内运输机场（不含香港、澳门和台湾地区）有 248 个，比上年底净增 7 个；全国在册管理的通用机场数量达到 370 个，比去年底净增 31 个。我国运输航空公司达到 65 家，比上年底净增 1 家；获得通用航空经营许可证的传统通用航空企业有 599 家，获得通用航空经营许可证的无人机通用航空企业有 12 663 家。民航全行业运输飞机期末在册架数 4054 架，比去年底增加 151 架；通用航空在册航空器总数达到 3018 架。虽然新冠肺炎疫情对民航运输生产产生了持续性的影响，但相对 2020 年，2021 年度的各项指标都有了一定的提高。2021 年全行业完成运输总周转量 856.75 亿吨千米，比上年增长 7.3%；完成旅客周转量 6529.68 亿人千米，比上年增长 3.5%；完成货邮周转量 278.16 亿吨千米，比上年增长 15.8%。2021 年，全行业完成旅客运输量 44 055.74 万人次，比上年增长 5.5%；完成货邮运输量 731.84 万吨，比上年增长 8.2%；完成旅客吞吐量 9.07 亿人次，比去年增长 5.9%。

上述数字说明，2002 年至今这个阶段是中国民航发生最深刻改革、航空业处于大发展的时期，我国民航业的国际地位大大提升。我国航空业呈现"井喷"式发展，其日益蓬勃发展的航空市场已经成为全球关注的焦点。

《新时代民航强国建设行动纲要》指出，到 2035 年我国将实现从单一的航空运输强国向多领域的民航强国的跨越，民航旅客周转量在综合交通中的比重将超过 1/3，运输机场数量将达到 450 个左右，民航旅客运输量占全球 1/4，规模全球第一，自主创新取得突破，国产飞机、空管系统、机场运行等民航核心装备广泛应用；业内专家预测，2035 年通用机场总量将超过 2700 个，通用飞机将超过 20 000 架。到 21 世纪中叶，全面建成保障有力、人民满意、竞争力强的民航强国，民航服务能力、创新能力、治理能力、可持续发展能力和国际影响力将位于世界前列。

二、我国民用航空体制的变革

1918 年北洋政府设立了航空事务处，这是中国第一个主管民航事务的正式管理机构。

新中国诞生以来，党和国家对民航业发展给予了极大的关注，其管理体制也几经更迭。主要的大事件如下所示。

1949 年 11 月 2 日，中国民航局正式成立，隶属人民革命军事委员会，受空军领导。

1954 年 11 月 10 日，国务院决定，中国民用航空局属国务院领导。

1955 年 3 月 5 日，国务院同意民航局的飞行、机务、通信、人事等工作由空军领导，其计划、企业管理、对外关系等由各政府主管部门直接解决或报请总理审批。

1958 年 2 月 7 日，国务院决定民航局划归交通部领导。

1962 年 4 月 15 日，国务院又恢复民航局管理体制，改为国务院直属，仍按 1955 年 3 月 5 日批示执行。

1969 年 11 月 20 日，民航划归军队建制。

1980 年 2 月 14 日，邓小平同志指出，民航一定要企业化。同年 3 月 5 日，国务院决定民航局不再由军队代管，改归国务院领导，实行企业化管理。这期间，中国民航局是政企合一，既是主管民航事务的政府部门，又是以"中国民航"名义直接经营航空运输、通用航空业务的全国性企业。其下设北京、上海、广州、成都、兰州（后迁至西安）、沈阳六个地区管理局。

1984 年 10 月 9 日，中央决定按政企分开原则改革民航管理体制，对民航业进行以航空公司与机场分设为特征的体制改革，1987 年起实施。其主要内容是将原民航北京、上海、广州、西安、成都、沈阳六个地区管理局的航空运输和通用航空相关业务、资产和人员分离出来，实行自主经营、自负盈亏、平等竞争。

1993 年 4 月 19 日，中国民用航空局改称中国民用航空总局，属国务院直属机构。同年 12 月，中国民用航空总局的机构规格由副部级调整为正部级。

2002 年 3 月，我国政府决定对中国民航业再次进行重组。民航总局直属航空公司及服务保障企业合并重组后，于当年 10 月 11 日正式挂牌成立，组成为六大集团公司，分别是中国航空集团公司、中国东方航空集团公司、中国南方航空集团公司、中国民航信息集团公司、中国航空油料集团公司、中国航空器材进出口集团公司。成立后的集团公司与民航总局脱钩，交由中央管理。总局下属七个地区管理局（分别是华北地区管理局、东北地区管理局、华东地区管理局、中南地区管理局、西南地区管理局、西北地区管理局、新疆管理局）和 26 个省级安全监督管理办公室（包括天津、河北、山西、内蒙古、大连、吉林、黑龙江、江苏、浙江、安徽、福建、江西、山东、青岛、河南、湖北、湖南、海南、广西、广东、重庆、贵州、云南、甘肃、青海、宁夏），对民航事务实施监管。全国民航各地区管理局情况，如表 1-1 所示。

表 1-1　全国民航各地区管理局情况

地区管理局名称	地址	代码	管 辖 区 域
华北地区管理局	北京	1	北京、天津、河北、山西、内蒙古
西北地区管理局	西安	2	陕西、甘肃、宁夏、青海
中南地区管理局	广州	3	河南、湖北、湖南、海南、广西、广东
西南地区管理局	成都	4	重庆、四川、贵州、云南、西藏
华东地区管理局	上海	5	上海、江苏、浙江、山东、安徽、福建、江西
东北地区管理局	沈阳	6	辽宁、吉林、黑龙江
新疆管理局	乌鲁木齐	9	新疆

机场实行属地管理，按照政企分开、属地管理的原则，对机场进行了属地化管理改革。

除首都机场和西藏自治区内的民用机场继续由民航总局管理外，其他原由民航总局直接管理的机场全部下放到机场所在地省（区、市）管理，相关资产、负债和人员一并划转。2004年7月8日，随着甘肃机场移交地方，机场属地化管理改革全面完成，也标志着民航体制改革全面完成。

思考与练习

1. 简述民用航空的定义及分类。
2. 简述国际民航组织和国际航空运输协会的概念。
3. 简述我国民用航空体制的变革。

即 测 即 练

自学自测　　扫描此码

第二章

航空公司和机场

改革开放后，我国航空业迅速发展。本章主要介绍航空公司和机场基础知识，分别介绍了航空公司的定义，我国航空公司的基本情况，机场的定义、分类、等级、构成等内容，以为后面的学习打好基础。

第一节　航　空　公　司

一、航空公司的定义

航空公司指以各种航空器（主要指飞机）为运输工具，以空中运输的方式运载人员或货物的企业。航空公司向旅客、货主提供旅客、货物和邮件运输服务，同时按照国家有关规定收取费用。国际航空运输协会为全球各大航空公司指定了两个字母的国际航空运输协会航空公司代码，国际民航组织为全球各个航空公司指定了三个字母的国际民航组织航空公司代码。其中两字母的航空公司代码最为常用，可用于预约、时刻表、票务、征税、航空提单、公开发布的日程表和航空公司间的无线电通信，同时也用于航线申请。表 2-1 是国内外部分航空公司名称的二字代码和三字代码。

表 2-1　国内外部分航空公司二字、三字代码表

航 空 公 司	英 文 名 称	二字代码	三字代码
中国航空集团公司	Air China Limited	CA	CCA
中国东方航空集团公司	China Eastern Airlines Company Limited	MU	CES
中国南方航空集团公司	China Southern Airlines Company Limited	CZ	CSN
海南航空股份有限公司	Hainan　Airlines Company Limited	HU	CHH
上海航空股份有限公司	Shanghai Airlines Company Limited	FM	CSH
山东航空股份有限公司	Shandong Airlines Company Limited	SC	CDG
深圳航空有限责任公司	Shenzhen Airlines Company Limited	ZH	CSZ
厦门航空股份有限公司	Xiamen Airlines Company Limited	MF	CXA
四川航空股份有限公司	Sichuan Airlines Company Limited	3U	CSC
春秋航空股份有限公司	Spring Airlines Company Limited	9C	CQH
上海吉祥航空有限公司	Juneyao Airlines Company Limited	HO	DKH
国泰航空公司	Cathay Pacific Airways Limited	CX	CPA
美国航空公司	American Airlines	AA	AAL
美国联合航空公司	United Airlines	UA	UAL
法国航空公司	Air France	AF	AFR
英国航空公司	British Airways	BA	BAW
阿联酋国际航空公司	Emirates Airlines	EK	UAE
大韩航空公司	Korean Airlines Company Limited	KE	KAL

航空公司首先是企业，它具有一般企业的特点和属性，是自负盈亏、具有独立经济利益的市场主体，航空公司通过经营和服务获得利润。但航空公司又不是一般的企业，它具有自身鲜明的特点。它是以提供服务为主要内容、有很高技术要求的企业。其特殊性包括的范围广泛，从航空器到客货运输，从机场服务到空中交通管理，都是技术高度密集的企业，必须通过安全飞行和占有市场才能获得利润。由于安全、技术及对各类设施独特的操作技能的硬性要求，以及国际化和跨地域经营的特点，航空公司的用人标准和经营管理相对于其他行业更加严格，具体表现为：专业化技能要求高；国际化程度高；服务标准要求高；安全性要求高及政府干预程度高。

二、我国航空公司情况简介

根据航空公司资产主体的性质不同，国内航空公司可分为三类：国有资产占主体（国资委所属，如中国航空集团公司、中国东方航空集团公司、中国南方航空集团公司等）、地方政府占主体（如山东航空股份有限公司、四川航空股份有限公司、厦门航空股份有限公司等）及民营资本为主（如春秋航空股份有限公司、上海吉祥航空有限公司、奥凯航空有限公司等）。经过 2002 年的航空公司体制改革，我国民航业形成了以中国航空集团公司、中国东方航空集团公司、中国南方航空集团公司、海南航空股份有限公司四大集团为主体的格局，图 2-1 为我国四大航空公司的标志。

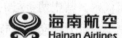

图 2-1　我国四大航空公司的标志

第二节　机　　场

一、机场的定义和分类

（一）机场的定义

机场是指专供飞机起飞、降落、滑行、维修保障、旅客及货物装卸等活动的场所，同时按照国家统一制定的标准向航空公司、旅客收取有关费用。国际民航组织对机场的定义为：供航空器起飞降落和地面活动而划定的一块地域或水域，包括域内的各种建筑物和设备装置。《中华人民共和国民用航空法》对机场的定义为：机场指专供民用航空器起飞、降落、滑行、停放及进行其他活动使用的划定区域（包括附属的建筑物、装置和设施）。

机场的主要功能包括：保证飞机安全、及时起降；安排旅客和货物准时、舒适地上下飞机；提供方便快捷的地面交通系统连接市区与机场。

机场代码分三字、四字两种。机场三字代码由国际航空运输协会制定，由三个英文字母组成，一般被公众及旅行社使用的较多。机场四字代码又称 ICAO 机场代码，是国际民航组织为世界上所有机场所规定的识别代码，由四个英文字母组成，一般为空中交通管理及飞行策划等使用。ICAO 机场代码有区域性的结构，并不会重复。通常首字母代表所属大洲，第二个字母则代表国家，剩余的两个字母则用于分辨城市。部分幅员辽阔的国家，则以首字母代表国家，其余三个字母用于分辨城市。表 2-2 为我国主要城市机场三字代码。

表 2-2 我国主要城市机场三字代码表

三字代码	地区名称	机场名称	所属省份	三字代码	地区名称	机场名称	所属省份
AKA	安康市	五里铺机场	陕西	KWL	桂林市	两江国际机场	广西
AKU	阿克苏市	温宿机场	新疆	LCX	连城市	连城机场	福建
AQG	安庆市	大龙山机场	安徽	LHW	兰州市	中川机场	甘肃
AYN	安阳市	安阳机场	河南	LJG	丽江市	丽江机场	云南
BAV	包头市	二里半机场	内蒙古	LNJ	临沧市	临沧机场	云南
BHY	北海市	福成机场	广西	LUM	潞西市	芒市机场	云南
BPX	昌都市	昌都马草机场	西藏	LXA	拉萨市	贡嘎机场	西藏
BSD	保山市	保山机场	云南	LYA	洛阳市	北郊机场	河南
CAN	广州市	白云国际机场	广东	LYG	连云港市	白塔埠机场	江苏
CGD	常德市	桃花机场	湖南	LYI	临沂市	临沂机场	山东
CGO	郑州市	新郑国际机场	河南	LZH	柳州市	白莲机场	广西
CGQ	长春市	龙嘉国际机场	吉林	LZO	泸州市	蓝田机场	四川
CHG	朝阳市	朝阳机场	辽宁	MDG	牡丹江市	海浪机场	黑龙江
CHW	酒泉市	酒泉机场	甘肃	MIG	绵阳市	南郊机场	四川
CIF	赤峰市	玉龙机场	内蒙古	MXZ	梅州市	梅县机场	广东
CIH	长治市	王村机场	山西	NAO	南充市	高坪机场	四川
CKG	重庆市	江北国际机场	重庆	NAY	北京市	南苑机场	北京
CNI	长海市	大长山岛机场	辽宁	NDG	齐齐哈尔市	三家子机场	黑龙江
CSX	长沙市	黄花国际机场	湖南	NGB	宁波市	栎社机场	浙江
CTU	成都市	双流国际机场	四川	NKG	南京市	禄口国际机场	江苏
CZX	常州市	奔牛机场	江苏	NNG	南宁市	吴圩机场	广西
DAT	大同市	怀仁机场	山西	NNY	南阳市	姜营机场	河南
DAX	达州市	河市机场	四川	NTG	南通市	兴东机场	江苏
DDG	丹东市	浪头机场	辽宁	PEK	北京市	首都国际机场	北京
DIG	香格里拉	迪庆机场	云南	PKX	北京市	大兴国际机场	北京
DLC	大连市	周水子国际机场	辽宁	PVG	上海市	浦东国际机场	上海
DLU	大理市	大理机场	云南	PZI	攀枝花	保安营机场	四川
DNH	敦煌市	敦煌机场	甘肃	RLK	巴彦淖尔市	天吉泰机场	内蒙古
DOY	东营市	东营机场	山东	SHA	上海市	虹桥机场	上海
DYG	张家界市	荷花机场	湖南	SHE	沈阳市	桃仙机场	辽宁
ENH	恩施市	许家坪机场	湖北	SHP	山海关市	秦皇岛机场	河北
ENY	延安市	二十里铺机场	陕西	SHS	荆州市	沙市机场	湖北
FUG	阜阳市	西关机场	安徽	SJW	石家庄市	正定机场	河北
FOC	福州市	长乐国际机场	福建	SWA	汕头市	潮汕国际机场	广东
FYN	富蕴市	可可托海机场	新疆	SYM	思茅市	思茅机场	云南
GHN	广汉市	广汉机场	四川	SYX	三亚市	凤凰国际机场	海南

续表

三字代码	地区名称	机场名称	所属省份	三字代码	地区名称	机场名称	所属省份
GOQ	格尔木市	格尔木机场	青海	SZX	深圳市	宝安国际机场	广东
HAK	海口市	美兰国际机场	海南	TAO	青岛市	流亭国际机场	山东
HEK	黑河市	黑河机场	黑龙江	TCG	塔城市	塔城机场	新疆
HET	呼和浩特市	白塔机场	内蒙古	TEN	铜仁市	大兴机场	贵州
HFE	合肥市	新桥国际机场	安徽	TGO	通辽市	通辽机场	内蒙古
HGH	杭州市	萧山国际机场	浙江	TNA	济南市	遥墙国际机场	山东
HJJ	怀化市	芷江机场	湖南	TNH	通化	通化机场	吉林
HIA	淮安市	涟水机场	江苏	TSN	天津市	滨海国际机场	天津
HLD	海拉尔市	东山机场	内蒙古	TXN	黄山市	屯溪机场	安徽
HLH	乌兰浩特市	乌兰浩特机场	内蒙古	TYN	太原市	武宿机场	山西
HMI	哈密市	哈密机场	新疆	URC	乌鲁木齐市	地窝铺国际机场	新疆
HNY	衡阳市	衡阳机场	湖南	UYN	榆林市	西沙机场	陕西
HRB	哈尔滨市	阎家岗国际机场	黑龙江	WEF	潍坊市	文登机场	山东
HSN	舟山市	普陀山机场	浙江	WEH	威海市	大水泊机场	山东
HTN	和田市	和田机场	新疆	WNZ	温州市	永强机场	浙江
HYN	黄岩市	路桥机场	浙江	WUA	乌海市	乌海机场	内蒙古
HZG	汉中市	西关机场	陕西	WUH	武汉市	天河国际机场	湖北
INC	银川市	河东机场	宁夏	WUS	武夷山市	武夷山机场	福建
IQM	且末市	且末机场	新疆	WUX	无锡市	无锡机场	江苏
IQN	庆阳市	西峰镇机场	甘肃	WUZ	梧州市	长州岛机场	广西
JDZ	景德镇市	罗家机场	江西	WXN	万县市	万县机场	四川
JGN	嘉峪关市	嘉峪关机场	甘肃	XFN	襄樊市	刘集机场	湖北
JGS	井冈山市	井冈山机场	江西	XIC	西昌市	青山机场	四川
JHG	西双版纳市	景洪机场	云南	XIL	锡林浩特市	锡林浩特	内蒙古
JIL	吉林市	二台子机场	吉林	XIY	西安市	咸阳国际机场	陕西
JIU	九江市	庐山机场	江西	XMN	厦门市	高崎国际机场	福建
JJN	泉州市	晋江机场	福建	XNN	西宁市	曹家堡机场	青海
JMU	佳木斯市	东郊机场	黑龙江	XUZ	徐州市	观音机场	江苏
JNZ	锦州市	小岭子机场	辽宁	YBP	宜宾市	菜坝机场	四川
JUZ	衢州市	衢州机场	浙江	YNZ	盐城市	盐城机场	江苏
JZH	九寨沟	黄龙机场	四川	YIH	宜昌市	三峡机场	湖北
KCA	库车市	库车机场	新疆	YIN	伊宁市	伊宁机场	新疆
KHG	喀什市	喀什机场	新疆	YIW	义乌市	义乌机场	浙江
KHN	南昌市	昌北机场	江西	YNJ	延吉市	朝阳川机场	吉林
KMG	昆明市	长水国际机场	云南	YNT	烟台市	莱山机场	山东
KOW	赣州市	黄金机场	江西	ZAT	昭通市	昭通机场	云南
KRL	库尔勒市	库尔勒机场	新疆	ZHA	湛江市	湛江机场	广东
KRY	克拉玛依市	克拉玛依机场	新疆	ZUH	珠海市	三灶机场	广东
KWE	贵阳市	龙洞堡机场	贵州	ZYI	遵义市	遵义机场	贵州

（二）机场的分类

依据机场的用途，机场可分为军用机场和民用机场两大类。军用机场分为军用机场和军民合用机场两类。民用机场按其功能也可以分为两类，一类是用于商业性航空运输，即具有定期客货运航班服务的定期航班机场，也称为航空港。这其中又包括重要机场和一般机场。重要机场指一个国家在航空运输中占据核心地位的机场，如美国把运输量占全国0.25%以上的机场划为大中型枢纽机场。目前我国还没有关于划分这类机场的标准，但可以把每年客流量50万人次或100万人次作为重要机场的标准。一般机场指重要机场之外的其他小型机场，虽然它们的运输量不大，但对于沟通全国航路及对某个地区的经济发展起着重要作用。在我国通常把大型的民用机场称为空港，把小型的民用机场称为航站，本书按国际惯例把商业性航空机场统称为机场；另一类是通用航空机场，即主要用于农业、林业、地质、搜救、医疗等特定航空运输服务的机场，也包括用于飞行学习、企业或私人自用的机场。机场的分类如图2-2所示。

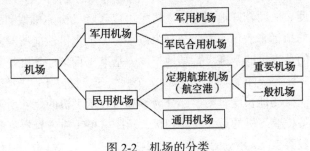

图2-2 机场的分类

关于机场的分类，还有以下不同的划分标准。

（1）按照航线性质划分，可将机场划分为国际航线机场和国内航线机场。

国际航线机场有国际航班进出，并设有海关、边防、卫生检疫和动植物检疫等政府联检机构；国际机场一般也开设固定的国内航线定期航班。国际机场又分为国际定期航班机场、国际不定期航班机场和国际定期航班备降机场。国际定期航班机场指开设国际通航的定期航班的机场；国际不定期航班机场是指供国内不定期航班飞行的机场；国际定期备降机场指专为国际定期航班提供备降的机场。

国内航线机场是专供国内航班使用的机场。我国的国内航线机场包括了地区航线机场。地区航线机场指我国内地城市与我国香港、澳门等地区之间的航班飞行使用的机场，并设有类似国际机场的联检机构。

（2）按照服务航线和规模划分，可将机场分为枢纽机场、干线机场和支线机场。

枢纽机场往往是连接国际国内航线密集的大型机场，如北京大兴机场、北京首都机场、上海浦东机场、广州白云机场等国际机场。

干线机场是以国内航线为主、空运量较为集中的大中型机场，主要是各省省会或自治区首府、重要工业及旅游开发城市的机场。

支线机场一般是规模较小的地方机场，以地方航线或短途支线为主。

（3）按旅客乘机目的地划分，可将机场分为始发/终点机场、经停机场、中转机场。

始发/终点机场指运行航线的始发机场和目的地机场。

经停机场指某航线航班中间经停的机场。

中转机场指旅客乘坐飞机抵达此处时需要下机换乘另一航班前往目的地的机场。

除了上述划分方法外，从保证安全的角度考虑，还须为起飞机场、目的地机场及航路飞行安排备降机场，备降机场指为保证飞行安全，在飞行计划中事先规定的，当预定着陆机场由于某种原因无法着陆时将前往着陆的机场。

二、机场的等级

机场等级通常按照相关要求从以下几个方面进行划分。

（一）飞行区等级

跑道的性能及相应的设施决定了什么等级的飞机可以使用这个机场，机场按这种能力的分类称为飞行区等级。机场基准代号即机场飞行区等级，飞行区等级用于确定跑道长度、宽度和所需道面强度，从而较好地划定了该机场可以起降飞机的机型和种类。飞行区等级使用两个部分组成的指标来表示。第一部分为数字，表示飞机性能所对应的跑道性能和障碍物的限制，对应的是飞机的基准飞行场地长度。基准飞行场地长度是某型号飞机所规定的最大起飞重量，在标准条件下（即海平面、1 个大气压、气温 15 ℃、无风、跑道无坡度）起飞时所需的最小飞行场地长度；第二部分为字母，表示飞机的尺寸所要求的跑道和滑行道的宽度，对应的是相应飞机的最大翼展和最大轮距宽度（应选择翼展和主起落架外轮外侧间距两者中要求较高者）。相应的数据见表 2-3。

表 2-3　飞行区等级代码

飞行区指标 I		飞行区指标 II		
数字	航空器基准飞行场地长度 La/米	字母	翼展 L/米	主起落架外轮外侧边间距 h/米
1	La<800	A	L<15	h<4.5
2	800≤La<1200	B	15≤L<24	4.5≤h<6
3	1200≤La<1800	C	24≤L<36	6≤h<9
4	La≥1800	D	36≤L<52	9≤h<14
		E	52≤L<65	9≤h<14
		F	65≤L<80	14≤h<16

（二）跑道导航设施等级

跑道导航设施等级按照机场配置的导航设施能够提供飞机以何种进近程序飞行来划分。

（1）非仪表跑道。供航空器用目视进近程序飞行的跑道，代码为 V。

（2）仪表跑道。供航空器用仪表进近程序飞行的跑道。可分为以下几类。

①非精密进近跑道—装备相应的目视助航设备和非目视助航设备的仪表跑道，能足以对直接进近提供方向性引导，代码为 NP。

②I 类精密进近跑道—装备仪表着陆系统和（或）微波着陆系统及目视助航设备，能供飞机在决断高度低至 60 米和跑道视程低至 550 米或能见度低至 800 米时着陆的仪表跑道，代码为 CAT I。

③Ⅱ类精密进近跑道—装备仪表着陆系统和（或）微波着陆系统以及目视助航设备，能供飞机在决断高度低至 30 米和跑道视程低至 350 米时着陆的仪表跑道，代码为 CAT Ⅱ。

④Ⅲ类精密进近跑道—装备仪表着陆系统和（或）微波着陆系统的仪表跑道，可引导飞机直至跑道，并沿道面着陆及滑跑，代码为 CAT Ⅲ。根据对目视助航设备的需要程度，Ⅲ类精密进近跑道又可进一步作如下分类。Ⅲ类 A 运行：精密进近和着陆最低标准的决断高低于 30 米，或无决断高；跑道视程不小于 200 米，代码为 CAT Ⅲ A；Ⅲ类 B 运行：精密进近和着陆最低标准的决断高低于 15 米，或无决断高；跑道视程小于 200 米但不小于 50 米，代码为 CAT Ⅲ B；Ⅲ类 C 运行：精密进近和着陆最低标准无决断高和无跑道视程的限制，代码为 CAT Ⅲ C。

（三）航站业务量规模等级

通常按照航站的年旅客吞吐量或货物（及邮件）运输吞吐量来划分机场等级，如表 2-4 所示。业务量的大小与航站规模及其设施有关，也反映了机场的繁忙程度和经济效益。若年旅客吞吐量与年货邮吞吐量不属于同一等级时，可按较高规格定级。

表 2-4　航站业务量规模分级标准

航站业务量规格等级	年旅客吞吐量（CP）/万人	年货邮吞吐量（CC）/千吨
小型	CP<10	CC<2
中小型	10≤CP<50	2≤CC<12.5
中型	50≤CP<300	12.5≤CC<100
大型	300≤CP<1000	100≤CC<500
特大型	CP≥1000	CC≥500

（四）民航运输机场规划等级

上述三种划分等级的标准，是从不同的侧面反映了机场的状态，能接收机型的大小、保证飞行安全和航班正常率的导航设施的完善程度、客货运量的大小。在综合上述三个标准的基础上，还有一种按民航运输机场规划分级的方案。通常根据机场的发展和当前的具体情况确定机场规划等级，如表 2-5 所示。

表 2-5　民航运输机场规划等级

机场规划等级	飞行区等级	跑道导航设施等级	航站业务量规模等级
四级	3B、2C 及以下	V、NP	小型
三级	3C、3D	NP、CAT Ⅰ	中小型
二级	4D	CAT Ⅰ	中型
一级	4D、4E	CAT Ⅰ、CAT Ⅱ	大型
特级	4E 及以上	CAT Ⅱ	特大型

三、机场的构成

机场，作为商业运输的基地，可以划分为飞行区、地面运输区和航站区三大部分，如

图 2-3 所示。

图 2-3　机场构成

（一）飞行区

飞行区是飞机运行的区域，主要用于飞机的起飞、着陆和滑行，它分为空中部分和地面部分。空中部分指机场的空域，包括飞机进场和离场的航路；地面部分包括跑道、滑行道、停机坪和登机门，以及一些为飞机维修和空中交通管制服务的设施和场地，如机库、塔台、救援中心等。其中飞机起飞着陆区是飞行区非常重要的组成部分，由跑道、道肩、防吹坪、升降带、跑道端安全区及可能设置的停止道与净空道等组成。图 2-4 给出了机场飞行区的主要组成部分。

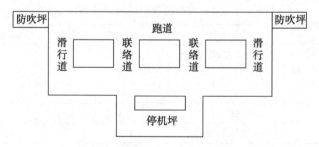

图 2-4　机场飞行区主要组成部分

1. 跑道

跑道是机场的主体工程，指机场内供飞机着陆和起飞用的一块划定的长方形区域。跑道系统由结构道面、道肩（跑道纵向侧边和相接的土地之间设置的一段隔离的地段，用于在飞机因侧风偏离跑道中心线时不致引起损害）、防吹坪（为防止飞机发动机气流对地面的吹蚀，在跑道端外予以加固的规定地面；它一方面能够减少飞机尾喷造成的损害，另一方面可避免提前着陆飞机碰上跑道端部的危险）和跑道安全地带（在跑道的四周划出的一定的区域，目的是用于保障飞机在意外情况下冲出跑道时的安全，可分为侧安全带和道端安全带两部分）组成。跑道的基本参数有以下几类。

（1）跑道的方位和数量

跑道的方位、方向应尽量与当地的常年主导风向一致。跑道的数量取决于该机场航空运输量的大小。对于运输不繁忙，且常年主导风向相对集中的机场，一般只需要单条跑道即可满足航空运输需求。

（2）跑道的基本尺寸

跑道的基本尺寸包括跑道的长度、宽度和坡度。跑道的长度是机场的关键参数，是机场规模的重要标志，它直接与飞机起降安全有关。设计跑道长度主要取决于所能允许使用的最大飞机的起降距离、海拔高度及温度。海拔高度高、空气稀薄、地面温度高等因素会造成飞机发动机功率下降，这时需要加长跑道。例如，昌都邦达机场的跑道长度为5500米，是中国民用机场中跑道最长的。

跑道的宽度取决于飞机的翼展和主起落架的轮距，一般不超过70米。

通常情况下跑道纵向是没有坡度的，这主要是为了保证飞机起飞、着陆和滑跑时的安全。但在有些情况下，可以有3°以下的坡度，在使用有坡度的跑道时，飞机起降时要考虑到坡度对跑道性能的影响。跑道横向一般有坡度，且尽量采用双面坡，以便加速道面的排水，而且还要在跑道两侧设计排水系统。

（3）跑道的道面和强度

跑道的道面分为刚性道面和非刚性道面。刚性道面是由水泥混凝土筑成，能把飞机的载荷承担在较大面积上，承载能力强，一般中型以上机场都使用刚性道面。非刚性道面有草坪、碎石、土质、沥青等各类材质，这类道面只能抗压不能抗弯，因而承载能力小，只能用于供中小型飞机起降的机场。

跑道的道面要求有一定的摩擦力，为此要在混凝土道面上开出5厘米左右的槽，并且定期打磨，以保证飞机在跑道积水时降落不会打滑。另外还可以在道面上铺一层多孔、摩擦系数高的沥青以增加摩擦力。

（4）跑道附属区域

1）跑道道肩

跑道道肩是在跑道纵向侧边和相接的土地之间有一段隔离的地段，这样可以在飞机因侧风偏离跑道中心线时，不致引起损害。此外大型飞机很多采用翼吊布局的发动机，外侧的发动机在飞机运动时有可能伸出跑道，这时发动机的喷气会吹起地面的泥土或砂石，使发动机受损，有了道肩会减少这类事故。

跑道道肩一般每侧宽度为1.5米，道肩的路面要有足够强度，以备在出现事故时，使飞机不致遭受结构性损坏。

2）跑道安全带

跑道安全带的作用是在跑道的四周划出一定的区域来保障飞机在意外情况下冲出跑道时的安全，分为侧安全带和道端安全带。

侧安全地带是由跑道中心线向外延伸一定距离的区域，对于大型机场这个距离应不小于150米，在这个区域内要求地面平坦，不允许有任何障碍物。在紧急情况下，可允许起落架无法放下的飞机在此地带实施硬着陆。

道端安全地带是由跑道端至少向外延伸60米的区域，建立道端安全地带的目的是为了减少飞机起飞和降落时冲出跑道的危险。

在道端安全地带中有的跑道还有安全停止道，简称安全道。安全道的宽度不小于跑道，一般和跑道等宽，它由跑道端延伸，长度视机场的需要而定，强度要足以支持飞机中止起飞。

3）净空道

净空道指跑道端之外的地面和向上延伸的空域。它的宽度为150米，在跑道中心延长线两侧对称为分布，在这个区域内除了有跑道灯之外不能有任何障碍物，但对地面没有要求。其可以是地面，也可以是水面。净空道的作用在于飞机可在其上空进行一部分起始爬升，并达到安全高度。

2. 滑行道

滑行道的作用是连接飞行区各个部分的飞机运行通路，它从机坪开始连接跑道两端。在交通繁忙的跑道中段设有一个或几个跑道出口与滑行道相连，以便降落的飞机可以迅速地离开跑道。

滑行道系统主要包括主滑行道、进出滑行道、飞机机位滑行道、机坪滑行道、辅助滑行道、滑行道道肩及滑行带。

滑行道的宽度由使用机场最大的飞机的轮距宽度决定，要保证飞机在滑行道中心线上滑行时，它的主起落轮胎的外侧距滑行道边线不少于1.5～4.5米。在滑行道转弯处，它的宽度要根据飞机的性能适当加宽。

滑行道的强度要和配套使用的跑道强度相等或更高，因为在滑行道上飞机运行密度通常要高于跑道，而且飞机的总质量在低速运动时的压力也会比跑道上略高。

滑行道在和跑道端的借口附近有等待区，地面上有标志线标出，这个区域用于飞机在进入跑道前等待许可指令。等待区与跑道端保持一定距离，以防止等待飞机的任何部分进入跑道而成为起飞飞机运行的障碍物或产生无线电干扰。

3. 停机坪

停机坪是飞机停放和旅客登机、下机的地方，可以分为登机机坪和停放机坪。飞机在登机机坪进行装卸货物、加油、上下旅客等，在停放机坪过夜、维修和长时间停放。停机坪上设有供飞机停放而划定的位置，简称机位。停机坪的面积要足够大，以保证进行上述活动的车辆和人员的行动。按照规定，停机坪上要用油漆标出运行线，使飞机按照标出的线路进出滑行道，保证不影响机场交通。

4. 机场导航设施

实践证明，进近和着陆阶段是飞行事故发生最多的阶段。机场导航设施也称为终端导航设施，作用是引导到达机场附近的每架飞机安全、准确地进近和着陆。

机场导航设备分为非精密进近设备和精密进近设备。非精密进近设备通常指装置在机场的 VOR-DME（very-high-frequency omnidirectional range-distance measuring equipment）台、NDB（non-directional beacon）台及机场监视雷达，作为导航系统的一部分，它们把飞机引导至跑道平面，但不能提供在高度方向上的引导。精密进近设备则能给出准确的水平引导和垂直引导，使飞机穿过云层，在较低的能见度和云底高的情况下，准确地降落在跑道上。目前使用最广泛的精密进近系统是仪表着陆系统，还有部分使用的精密进近雷达系统及正在发展并将最终取代仪表着陆系统的卫星导航着陆系统。

5. 机场地面灯光系统

地面灯光系统主要用于飞机在夜间飞行时的助航。尽管许多飞机都安装了各种先进的无线电助航设备和仪表着陆系统，但在飞机进近至滑行的最后阶段，这些灯光仍是不可缺少的。目前的机场助航灯光系统一般分为进近、着陆、滑行道三类。

（1）进近灯光系统

飞机在进近的最后阶段，一般都要由仪表飞行转为目视飞行，这时驾驶员处于高负荷的工作状态。夜航的驾驶员使用进近灯光来确定距离和坡度，从而做出决断。进近灯光系统主要包括以下几类。

①进近中线灯：安装于跑道中线上的一个固定灯标，其颜色为可变白色。1、2、3 类精密进近灯光，延伸至跑道入口不少于 900 米，灯具间隔 30 米，如果是简易跑道，进近灯光则延伸至离跑道入口不少于 420 米，灯具纵向间隔为 60 米。

②进近横排灯：在跑道入口 300 米处设置横排灯，灯光颜色为可变白色。横排灯与跑道中线垂直并被平分为 18～30 米的直线灯组，每边内侧的灯距，距跑道中线延长线 4.5 米，各向外再设 7 个灯。灯的横向间隔为 1.5 米。

③进近旁线灯：2、3 类精密进近跑道一般都安装旁线灯，灯光的颜色为红色。从跑道入口延伸至 270 米处，灯的间距为 30 米。

④目视进近坡度指示灯：该指示灯由多组成对灯组组成，一般分为筒式、三排式或 T 式三种。种类不同灯组数量也不同，安装的位置也有所区别。有的对称排列在跑道两侧，多数则排列在跑道左侧。

⑤进近灯标：在跑道中线延长线上距跑道入口 300～900 米处设置进近闪光灯标。进近灯标颜色为白色闪光，但在跑道低仰角部分一般予以遮蔽，使飞行员在向进近灯标的方向起飞时，只能在离地以后才能看到灯光。这些灯标的闪光顺序为逐个由前至后，每个灯闪光频率为 1 次／秒。

（2）着陆灯光系统

着陆灯光系统主要包括以下五类。

①跑道边线灯：跑道边线灯必须沿跑道全程安装于与跑道中线等距平行的跑道两边边缘直线上，或在跑道边缘以外不超过 3 米处安装，灯光的颜色为可变白色，黄色灯光的头尾距离为 600 米或跑道的一半，一般取其中的较小者。

②跑道入口灯：安装于跑道末端或靠近跑道末端外不大于 3 米处，灯光颜色为绿色。

跑道入口灯必须垂直于跑道轴线。一般跑道安装的跑道入口灯不少于 6 个。各类精密进近跑道安装一排跑道入口灯，灯距间隔为 3 米。

③跑道端线灯：凡装有跑道边线灯的跑道必须安装端线灯。如跑道入口灯安装在跑道端时，就可兼跑道端线灯。灯光的颜色为红色。跑道端线灯用 6 个灯组成，并安装在跑道末端的跑道边线灯中间，均匀地布置在垂直于跑道轴线的直线上。

④跑道中线灯：一般 2、3 类精密进近跑道必须安装跑道中线灯。这些灯应以 5 米、7 米、15 米或 30 米的纵向均匀间隔，从跑道入口至末端标出跑道中线。从跑道入口到离跑道末端 900 米处，必须是可变白色的固定灯；由距跑道末端 900 米处到离跑道末端 300 米处，是红色与可变白色相间；由离跑道末端 300 米处直到跑道末尾为红色。

⑤跑道接地地带灯：所有 2、3 类精密进近跑道的接地地带，都必须设置接地地带灯，灯光颜色为可变白色。接地地带灯必须对称地布置在跑道中线两侧，其最里面的灯之间的横向间隔不小于 18 米，也不大于 22.5 米，一般以 18 米为宜。接地地带灯由若干横向排列的灯组（即排灯）组成，每一排灯必须由至少 3 个间隔不大于 1.5 米的灯具组成，各排灯间的纵向间距为 30 米。

（3）滑行道灯光系统

滑行道灯光系统主要包括以下两类。

①滑行道中线灯：在滑行道上，设置滑行道中线灯，灯光的颜色一般是绿色，间距一般小于 60 米。

②滑行道边线灯：安装于滑行道两侧的边缘或距边缘不大于 3 米处。滑行道边线灯颜色为蓝色。滑行道直线部分或弯道上的灯距都应小于 60 米，使其能明显地把弯道位置显示出来。

（二）地面运输区

地面运输区是车辆和旅客活动的区域，可以包括以下三个部分。

1. 机场进出通道

机场进出通道指旅客为到达机场乘坐航班及航班到达之后乘坐地面交通工具进出机场候机楼的道路，它把机场和附近城市连接了起来。事实上，机场与城市中心联系的便利程度非常重要，它是机场功能充分实现的前提条件，更是城市基础设施水平的集中体现。

随着社会经济的不断发展和民用航空的大众化，民航机场逐渐成为城市的交通中心之一，从城市进出机场的通道也演变为城市规划的一个重要部分。对于大型的机场，单一的交通方式一般不能满足需求，不能保证运输任务的顺利完成。为充分发挥机场的功能，有必要在机场和市中心之间建设一个综合的、可靠度高、舒适性好的客运交通体系。

纵观国内外进出机场的交通方式，依据其运行的载体不同可分为公路交通、轨道交通、空中交通和水路交通四种类型。

（1）公路交通

公路交通属于城市交通系统规划的一部分，载体有小汽车、出租车、公共汽车、机场巴士等。它适合离市中心距离较短（15 千米内）的机场，其优点是连接性好、价格便宜，缺点则是行程时间不确定、易受公路交通状况的影响、舒适性差。

（2）轨道交通

轨道交通的主要载体有地铁、轻轨、有轨电车、高速铁路、磁悬浮等。相对公路交通，轨道交通所需基础设施投资大，但是轨道交通具有公路交通所无法比拟的五个巨大优势：运输容量大、速度快、准点率高、舒适性好、节能环保。据统计，在全球客流量排名前50位的世界机场中，建有轨道交通的机场约占 3/4。代表我国机场建设先进水平的北京大兴国际机场和青岛胶东国际机场均建有轨道交通线路与市中心相连。

（3）空中交通

空中交通的主要载体是直升机。在某些发达国家，有些机场拥有直升机坪，可以为航空旅客提供直升机连接市区的交通服务。采用直升机运送往返机场的旅客也许是最快捷、最不受地面交通状况影响的交通方式，直升机的优点是快捷、方便、舒适，但对旅客来说价格太高，故使用率并不高。另外，直升机的噪声也是这种交通方式的一个致命弱点，起落点附近的公众是反对开展这种经营的。

（4）水路交通

有些机场所处位置临近水域，因此在进出机场交通上比其他机场多了轮船、快艇等水路交通方式。深圳于 2005 年 9 月开通了蛇口至香港国际机场的海上航线，每天共有 16 个豪华高速客船往返，18 千米的航程仅需 30 分钟即可完成。通过水路交通，旅客还可以沿途欣赏风景，就像在威尼斯机场和伦敦城机场那样，但该种交通方式容易受到水运码头设施的影响，若设施不完备，其服务的可靠性常常令人不满意。

综上所述，对于不同规模的机场，可规划设计相适应的交通方式。年吞吐量在 100 万以下的小型机场由于客流量较小，从运营成本的角度考虑，较合理的是使用公共汽车作为进出机场的主要交通方式，出租车和私家车作为辅助交通方式。若机场距离市区边缘较远（10 千米以上），可考虑开通机场巴士；年吞吐量为 100 万～150 万的机场，适合在公交与自备车基础上增设机场巴士，充分利用大容量公路交通来满足进出机场乘客需求；对于年吞吐量为 1500 万～3000 万的机场，若仅靠公路交通来输送机场客流则交通拥堵现象严重，应建设轨道交通来大量分担公路交通的压力。对于年吞吐量为 3000 万以上的机场，可考虑增设专用的快速铁路来输送机场客流。

2. 机场停车场

机场停车场除考虑乘机旅客自驾车辆需求外，还要考虑接送旅客的车辆、机场工作人员的车辆及观光者和出租车车辆的需求，因此机场停车场必须有足够大的面积。但停车场面积太大也会带来不便，一般情况是繁忙的机场按车辆使用的急需程度把停车场分为不同的区域，离候机楼最近的是出租车辆和接送旅客车辆的停车区，以减少旅客步行的距离。机场职工或航空公司职工使用的车辆则安排到停车场较远位置，有条件的机场可以安排职工专用停车场。

3. 机场内部道路系统

机场内部道路系统是候机楼下客区、停车场和旅客离开候机楼的通道。机场要很好地安排和管理这些机场道路区域，这里各种车辆和工作人员混行，而且要装卸行李，特别是在机场航班高峰时期，容易出现混乱和事故。

机场内部道路的另一个主要部分是安排货运的通路，使货物能够通畅地进出货运中心。

（三）航站区

航站区是旅客登机的区域，是飞行区和地面运输区的结合部位，多为飞行安全、为旅客顺畅登机需要而设置的区域。本书后续所涉及机场地面服务的许多内容，如值机、安检、行李托运、海关、边防、检疫等均在此进行。详细内容将在第五章机场航站楼公共服务中介绍。

思考与练习

1. 航空公司的定义是什么？
2. 机场的等级是如何划分的？
3. 简述机场系统的构成。
4. 进出机场的主要交通方式有哪些？各有何利弊？

即 测 即 练

自学自测　　扫描此码

第三章

民用航空旅客运输基础知识

本章主要介绍与民用航空旅客运输相关的基础知识，包括航线与航班、机型、航班时刻表等内容。

第一节　航线与航班

一、航线的概念和分类

民航运输飞行必须按照规定的路线进行，这种路线叫作航空交通线，简称航线。航线不仅规定了航行的具体方向、起讫与经停地点，还根据空中交通管制的需要，规定了航路的宽度与飞行高度，以维护空中交通秩序，确保飞行安全。

航线的规划、开辟及运行是航空公司满足社会需要的基本形式，是实现企业自我发展的手段。对于航线的选择，以及在此基础上形成的航线网络，是航空公司长远发展的战略决策。开辟航线要进行多方面的调查和研究，不仅要按客观经济规律办事，还要按自然规律办事。修建机场要对当地水文、地质、气象情况进行深入调查，要了解器材、油料的运输条件，要对机场建设包括选址、勘测设计、施工及建设周期做出计划。在经营管理方面，要研究适用的机型、合理的班次密度、班期计划、运价水平，并根据掌握的情况进行业务预测，测算收入利润。通盘考虑主客观各方面条件后，如果认为具有开航的可能性和必要性，应提请民航总局批准后执行。

航线按起讫地点、约定经停地点的归属分为国内航线、国际航线和地区航线。

（1）国内航线是指飞机飞行的线路、起讫地点、经停点均在一国境内的航线。国内航线又分为干线和支线。干线指连接首都和各省会、直辖市或自治区首府的航线，以及连接两个或两个以上的省会、直辖市、自治区首府或各省、自治区所属的城市之间的航线。干线运输主要满足大城市之间的运输要求。支线指短距离、中小城市之间的非主干航线，使用的飞机一般是座位数在110座以下的小型客机，飞行距离在600～1200千米。

（2）国际航线是指飞机飞行的路线跨越本国国境，通达其他国家的航线。

（3）地区航线是指根据国家的特殊情况，在一国境内与特定地区之间飞行的航线。在我国目前它是指连接香港、澳门、台湾与内地城市之间的航线，这是特殊管理的国内航线，其运输规划采用国际运输规则。

二、航线的构成形式

航线网络的构成从理论上到形式上都是一个复杂的问题，其构成形式大体有两种。

核心辐射式：指以大城市为中心，大城市之间建立干线航线，同时以支线形式由大城市辐射至附近各大小城市。这种航线网络的优点是能够节省大量资金，将有限的资金集中于大型中心骨干机场的建设，促使现有运力发挥最大效率，提高航班密度和客座利用率，提高中心机场的利用率。但这种形式也有其不足。对于乘客而言，会增加旅行时间，以及受到中转带来的种种不便；对于航空公司而言，航班时刻的安排、运力的调配和人力的安排都变得更加复杂，使运营管理成本有所增加；对机场而言，"航班波"带来客货流量的高峰极易造成枢纽机场和航路上的拥堵，增加枢纽机场运营压力；由于航班编排紧凑，当一个航班遇到突发事件（如天气原因）导致航班延误时，会对其他航班造成很大后续影响。

城市对开式：指从各个城市自身的需求出发，建立城市与城市之间的航线，即点对点式的航线结构。这种航线网络为直达航线，旅客可以以最短的飞行时间到达目的地，因此对旅客而言这是最理想的航空运输方式。对航空公司而言，航班间的运营没有任何相互关联，航班排班比较容易。但正由于航班之间没有时间上的联系，一条航线承载的旅客往往仅限于该航线所衔接城市对间的旅客需求。而仅限于一个航空市场的需求又往往有限，因此这种航线网络从根本上抑制了航班客座率和载运率水平，无论是通达城市还是航班频率都难以满足旅客日益增长的运输需求。

我国的国内航线集中分布在哈尔滨—北京—西安—成都—昆明—线以东的地区。整体来看，航线密度由东向西渐渐减少，航线多以大、中城市为中心向外辐射，以北京、上海、广州三个城市为中心的辐射航线基本构成了我国国内航线的布局，再加上以西安、成都、沈阳、乌鲁木齐、昆明为中心形成的几个放射单元，共同组成了国内的主要航线网络。

开辟航线属于航线网建设，应有计划有步骤地进行。航线的开辟不仅是关系到民航运输企业经营的大事，还涉及国民经济中统一运输网的建立、全国机场的合理布局、生产力的配置、城市发展规划、国家基建投资、飞机的选型及运输能力的发展等一系列需要进行全面规划与综合平衡的重大问题。在进行航线网络布局规划时，要从市场对航空运输的需求出发，对运价等各方面进行科学考察，同时考虑社会效益问题。各航空运输企业在构建自己的航线网络时，须服从民航局的统一规划，以形成我国布局合理的航线网络。

三、航班与班次

（一）航班

航班是根据班期时刻表，飞机在规定的航线上，使用规定的机型，按照规定的日期、时刻进行运输生产的定期飞行。航班可以有以下几种分类。

1. 去程航班和回程航班

去程航班是指飞机从基地站出发的飞行；回程航班是指返回基地站的飞行。

2. 国内航班和国际航班

国内航班是指航班的始发站、经停站、终点站均在本国境内的飞行；国际航班是指航班的始发站、约定经停站、终点站有一站以上在本国国境以外的飞行。

3. 定期航班和不定期航班

定期航班是指执行时间固定不变（但机型可以改变）的航班；不定期航班是指执行时间不固定的航班。

（二）班次

班次是指航班在单位时间内飞行的次数。通常用一周为标准计算航班的飞行班次，一个班次包括去程航班和回程航班。

班次的多少依据运量的需要和运力的供给来确定。每周的班次反映某航线的航班密度，它是根据运量、运力、机型及效益等因素来决定的。

航班计划的协调、审订工作由航班协调会来完成。航班协调会由民航总局召开，每年召开两次，运输司主办，各航空运输企业的有关部门、民航局和地区管理局的有关部门派人参加，必要时请机场、旅游部门参加。各航空公司的航班计划经航班协调会协调确定后，经民航有关业务司整理审核后报民航局领导审批，经批准下发的航班计划具有法律约束力。

四、民航运输飞行的形式

民航的运输飞行主要有两种形式：定期飞行和不定期飞行。

1. 定期飞行

定期飞行是民航运输生产的基本形式，包括正班飞行、补班飞行和加班飞行。

正班飞行是根据班期时刻表，按照规定的航线，定机型、定日期、定时刻的飞行。定期飞行也叫班期飞行，是航空公司经营的主要形式。补班飞行指由于天气等原因，正班飞行取消，第二天或以后加补的飞行。加班飞行指根据临时性的需要，在正班飞行以外增加的飞行。它是在正班飞行的航线上，为解决航班客货运输拥挤现象，并对外公布航班时刻的临时飞行，是正班飞行的补充。

2. 不定期飞行

不定期飞行包括包机飞行、专机飞行和专业飞行。

（1）包机飞行是指由包机单位提出申请，经承运人同意并签订包机合同，包用航空公司的飞机，在固定和非固定的航线上，按约定的起飞时间、航程、载运旅客及货物等的飞行。包机飞行也有定期和不定期之分。

（2）专机飞行是指运送党政领导人和外国国家元首或重要外宾的包机。

（3）专业飞行是指为了维修检测或者调机等进行的飞行。

五、航班号

为了便于区分，并有利于业务上的处理，民航运输中按照一定的方法给各个航班编以不同的号码，并加上航空公司的两字代码组成航班号。

（一）国内航班号的编排

1. 正班飞行

目前我国大多数航空公司国内航线航班号的编排是由航空公司两字英语代码和四位

阿拉伯数字组成。正班飞行的航班号第一位数字表示执行该航班任务的航空公司的所属管理局区域代码（1 为华北，2 为西北，3 为中南，4 为西南，5 为华东，6 为东北，7 表示海南，8 为厦门，9 为新疆），第二位数字表示该航班终点站所属的管理局区域代码，第三位、第四位表示本次航班的具体序号，第四位数字单数表示去程航班，双数表示回程航班。例如：西安飞往北京的航班 CA1202，CA 是中国国际航空公司，第一位数字 1 表示华北地区，国航的基地在北京，属华北地区；第二位数 2 表示航班的基地外终点西安属于西北地区；02 为航班序号，其中末尾数 2 表示是回程航班。又如，上海飞往广州的航班 MU5305，MU 是中国东方航空公司代码，其驻地在上海，第一位数字 5 表示中国东方航空公司驻地上海在华东地区，第二位数字 3 代表目的地广州所在的华南地区，05 为序号，单数是去程航班。

也有部分地方航空公司的航班号是由航空公司两字代码加三位数字组成。例如，上海航空公司执行的上海到北京的航班，去程为 FM103，回程为 FM104。

2. 加班飞行

加班飞行的航班号按正班飞行的航班号的编排方法编排，第一位数字表示执行该加班航班任务的航空公司所属管理局区域代码，第二位数字表示航班终点站所属管理局代码，第三位、第四位数字为加班具体航班序号。与正班航班序号不同的是，第三位、第四位数字从 91 开始到 00 为止。单数为去程航班，双数为回程航班。

同一天同一航线的加班不能编排相同航班号，不是同一天的加班可编排相同的航班号。

（二）国际与地区航线航班号的编排

国际与地区航线航班号均是由航空公司两字英语代码加三位阿拉伯数字组成。第一位数字表示执行该航班任务的航空公司所属管理局区域代号，国航沿用数字 9 代表国际航班，其他各航空公司仍以执行该航班任务的航空公司所属管理局的数字代码表示。第二位、第三位数字表示某个具体的航班序号，第三位数字单数表示去程航班，双数表示回程航班。例如，CA982 是由中国国际航空公司承运、纽约飞往北京的回程航班。

目前由于国内航空公司兼并和航班数量的大幅增长，航班号的编排规律不再明显，只对各航空公司航班的数字编号的第一位有规定。

为了区别航班的不同情况，在编排航班号时按以下原则处理。

（1）起讫站相同，但路线不同，航班号也不同。

（2）起讫站相同，但承运人不同，航班号也不同。

（3）航线机型相同，但飞行时刻不同，航班号也不同。

（4）航线相同，但机型不同，航班号也不同。

第二节　机　　型

一、机型的分类

国际上对飞机的分类有以下几种，如表 3-1 所示。下面简单介绍几种常见飞机的机型。

表 3-1　飞机机型的分类

分类方式	类别	解释
飞机的用途	国家航空飞机	军队、警察和海关等使用的飞机
	民用航空飞机	民用的客机、货机、客货两用机和通用航空飞机
客机的座位数	小型机	100 座以下
	中型机	100～200 座
	大型机	200 座以上
飞机的航程	短程飞机	2400 千米以下
	中程飞机	2400～4800 千米
	远程飞机	4800 千米以上
飞机的飞行速度	亚音速飞机	速度 800～1000 千米/小时，又分低速飞机和高亚音速飞机
	超音速飞机	音速 1224 千米/小时以上
飞机发动机的数量	单发飞机	一个发动机
	双发飞机	两个发动机
	三发飞机	三个发动机
	四发飞机	四个发动机
飞机发动机的类型	螺旋桨飞机	利用螺旋桨的转动将空气向机后推动，借助其反作用力推动飞机前进。包括活塞螺旋桨式飞机和涡轮螺旋桨式飞机
	喷气式飞机	使空气与燃料混合燃烧后产生大量气体以推动涡轮，然后以高速度将气体排出体外，借其反作用力使飞机前进。包括涡轮喷气式飞机和涡轮风扇喷气式飞机
飞机客舱的走道数	窄体飞机	机舱一排一般有 2～6 个座位和一条走道
	宽体飞机	机舱有两条走道，通常一排能容纳 7～10 个座位

（一）波音系列

1916 年 7 月 15 日，年轻的航空爱好者威廉·爱德华·波音在美国西雅图附近的联合湖建立了自己的飞机制造公司，1917 年正式被称为波音飞机公司。

（1）波音 787 系列。波音 787 系列是中型双发动机宽体中远程运输机，属于 200～300 座级飞机，航程随具体型号不同可覆盖 6500～16000 千米。波音 787 的特点是大量采用复合材料，低燃料消耗、高巡航速度、高效益及舒适的客舱环境，可实现更多的点对点不经停直飞航线。

（2）波音 777 系列。波音 777 系列是双发宽体客机，在大小和航程上介于 B767-300 和 B747-400 之间。有基本型 B777-200（最初称为 B777-200A 或 A 市场型）、B777-200ER（200 型的加大航程型，最初又称为 B777-200B 或 B 市场型）。

（3）波音 767 系列。波音 767 飞机是双发动机半宽体中远程运输机，机身宽 5.03 米。包括三种基本型号，即 767-200、767-300 和 767-400，区别主要是机身长度不同，每种基本型号都对应着一种延程型。

（4）波音 757 系列。波音 757 飞机是双发动机窄体中远程运输机，2004 年 10 月份停产。现仍有部分该机型在我国民航服役，其分为 B757-200ER 和 B757-300 型。

（5）波音 747 系列。波音 747 飞机是四发动机远程宽机身双通道运输机。1970 年 1 月首次交付。1990 年 5 月起，除了 B747-400 型外，其他型号均已停产。波音 747 系列主要型号有 B747-100 系列、B747-200 系列、B747-300 系列、B747-400 系列。

（6）波音 737 系列。波音 737 飞机是中短程双发动机喷气式运输机，是民航历史上最成功的窄体民航客机系列之一，至今已发展出 14 个型号。该系列飞机主要针对中短程航线的需要，具有可靠、简捷、极具运营和维护成本经济性的特点，但它并不适合进行长途飞行。

（二）空中客车系列

空中客车工业公司（简称空客公司）于 1970 年 12 月 18 日成立，在法国注册，是属于法国法律所规定的经济利益集团性质的经济组织。它由欧洲四家主要宇航公司组成，分别是同样握有 37.9% 股份的德国戴姆勒-奔驰宇航和法国宇航公司、握有 20% 股份的英国宇航公司，以及握有 4.2% 股份的西班牙 CASA 公司。

（1）A380 系列。2005 年 1 月 18 日，空客公司举行了庆祝 A380 建造完成的正式典礼，世界上最大的客机空中客车 A380 正式诞生（图 3-1）。A380 是四发动机远程 600 座级超大型宽体客机，是目前世界上唯一采用全机身长度双层客舱、4 通道的民航客机。其主要型号为 A380-800。

图 3-1　空客 A380 型宽体客机

空客集团 2019 年 2 月宣布，计划停止生产 A380 超大型客机。

（2）A330/340 系列。A330 和 A340 系列是双过道宽机身中远程客机。目前投入运营的包括双发动机中远程客机 A330-200/300、四发远程客机 A340-200/300/500/600 六种基本型号。

（3）A320 系列。A320 系列是双发中短程 150 座级运输机。包括 150 座的 A320、186 座的 A321、124 座的 A319 和 107 座的 A318 四种基本型号。其中 A321 为 A320 的加长型，与 A320 相比，机身加长 6.93 米，增加了 24% 的座位和 40% 的空间。A319 和 A318 为 A320 缩短型，其中 A318 是 A320 系列里面最小的型号。

表 3-2 给出了常见的机型代码及对应的具体机型。

表 3-2　常见机型代码及对应具体机型

机 型 代 码	机 型
787	波音 787
747	波音 747-400P/747SP/747-200B/747-400Combi
707/777/757/767/737/738	波音 707/777/757/767/737
M82/M11/M90	麦道 MD-82/MD-11/MD-90
380	空客 A380
ABF	空客 A300-600
310	空客 A310-200/A310-300
319/320/321	空客 A320
330	空客 A330
340	空客 A340
146	英国宇航公司 BAE146
SF3	萨伯 Saab AF340
FK1	福克 FK100
AN4	安 24
YU7	运-7
MET	美多 METRO-23
ATR	雅泰 ATR72-210A
CRJ	庞巴迪 EMB145
ERJ	庞巴迪 EMB145
MA6	新舟 60
DON	多尼尔 DORNIER328

二、飞机的客舱布局

飞机的客舱布局，是指飞机客舱内各种舱位的安排以及每种舱位具体设置的座位数目。飞机订购后投入生产时，制造商可按照航空公司的具体要求进行客舱布局。一般来说，小型飞机只设有经济舱（economic class，用字母 Y 表示），中型飞机设有头等舱（first class，用字母 F 表示）和经济舱，大型飞机除了设有头等舱和经济舱之外，有的飞机还设有公务舱（business class，用字母 C 表示）。不同的机型，甚至同一种机型都可能会有不同的客舱布局方式。需要注意的是，某些机型的头等舱、公务舱和经济舱，其排数并不连续，如图 3-2

波音B737-700 (128个座位)
头等舱：1~2排；8个座位　经济舱：11~30排；120个座位

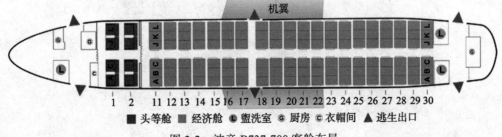

图 3-2　波音 B737-700 客舱布局

的波音 B737-700，经济舱便是从 11 排开始的。

图 3-2 给出了波音 B737-700 的某种客舱布局。客舱为单通道，共设有 128 个座位，其中 1~2 排为头等舱，共有 8 个座位；11~30 排为经济舱，共有 120 个座位。

三、民用航空器标志

民用航空器标志即我们常说的飞机号、机尾号、注册号，它是飞机的一个重要识别标志。飞机投入营运前，每架飞机都要进行注册登记，以取得其注册编号。注册编号在世界内绝无重号，没有编号的飞机不允许做任何飞行。民用航空器标志如何编排、如何在航空器上绘制等，是有严格规定的，并不是哪一家航空公司或哪一个国家可以随意制定和更改。

根据《国际民用航空公约》的附件 7：《航空器国籍标志和登记标志》规定，民用航空器标志分国籍标志和登记标志两部分，国籍标志是识别航空器国籍的标志，登记标志是航空器登记国在航空器登记后给定的标志。根据上述规定，我国选定英文字母 B 为中国航空器的国籍标志，登记标志由多位数字、字母或其组合而成，列在国籍标志 B 之后，两者之间有一短划。目前我国航空器登记标志基本采用四位阿拉伯数字的编号，第一位数字表示飞机的驱动方式，比如 2 表示喷气式飞机，3、4、8 表示螺旋桨式飞机，7 表示直升机；第二位数字一般表示机型；第三、四位数字表示这种飞机的序列编号。由于近年我国飞机大量引进，编号不够使用，因而规律性已不太明显。

某架飞机退役、失事或报废后，其编号可以编制到其他飞机上，可重复使用。但仍须遵循国际规定，注册编号不能出现重号，即两架或以上飞机不能同时使用同一编号。

航空器对于民用航空器标志的绘制有严格的要求。固定翼航空器的国籍和登记标志喷涂在机翼和尾翼之间的机身两侧或垂直尾翼两侧，以及右机翼的上表面、左机翼的下表面；旋翼航空器喷涂在尾梁两例或垂直尾翼两侧。中国国际航空公司的航空器要在航空器前部适当位置绘制五星红旗。中国民航局只对航空器国籍、登记标志进行管理和控制。航空器外部的其他图案（航徽、彩条、公司名称字样等）由企业自行确定，但须将设计图以三面工程图纸的形式上报民航局备案。图 3-3 为中国南方航空公司一架航班的民用航空器标志。

图 3-3   中国南方航空公司某航班民用航空器标志

第三节 航班时刻表

一、航班时刻表的定义及功能

民航运输生产具有较强的季节性。购买机票有淡季和旺季，淡季乘坐飞机，可以买到很便宜的打折票，旺季乘坐飞机则要花费多得多。同时，随着社会经济的发展，社会对民航运输的需求也在发展变化。为了适应空运市场的季节变化，根据飞行季节的不同和客货流量、流向的客观规律，我国各航空公司的有关业务部门每年要制订两次航班计划，并将航线、航班及其班期和时刻等按一定的秩序汇编成册，称为航班时刻表。航空企业根据市场的需求、本企业运输能力及有关部门的飞行保障条件和能力，经民航局协调后，决定每个航班的班次（每周几个航班）、班期（每周的哪几天飞行）和班期时刻（每个航班在起点航站、终点航站和每个经停航站的起飞和着陆时间），通过航班时刻表向社会发布。航班时刻表是旅客乘坐飞机出行必不可少的资料，它可以提供航线、航班、班期、时刻等重要的航班信息。

国内航班时刻表一年发布两次，分别为冬春季和夏秋季航班时刻表。夏秋季时刻表从每年的 3 月份最后一个星期日开始实施；冬春季时刻表从每年的 10 月份最后一个星期日开始实施。

航班班期时刻表分为全国班期时刻表和当地班期时刻表两种。全国班期时刻表由民航局编印、发行，当地班期时刻表由当地航空公司或售票处编印发行。全国班期时刻表包括：全国国内、国际航线的所有班期时刻，中国民航国际、国内航线图，国际时间计算表，怎样使用班期时刻表及乘坐中国民航各航空公司班机旅客须知等内容。当地班期时刻表由当地售票处根据当地始发和到达航班编排，包括旅客须知、每日航班起飞或到达时间安排等内容。航空公司可根据不同的运输季节的供求情况和市场的变化，经地区管理局或总局报批后对航班计划作适当的调整。

对于航空运输而言，航班时刻表具有两大重要功能。第一，它是民航企业组织日常运输生产的依据。航班时刻表是根据运输生产计划和航线运输计划编制的，航空运输企业根据它对定期航班的安排来部署运力、调配人员、进行管理。第二，它是航空公司向社会各界和世界各地用户介绍航班飞行情况的一种业务宣传资料。民航运输逐渐走向市场，旅客乘坐飞机有了越来越多的选择余地，对运输企业所提供的服务有更多的要求，航班时刻表向旅客介绍本航空运输企业所承运航班的班期时刻、航线、机型、餐食等各方面情况来争取旅客，提高自己企业的生产效率。因此，科学编制航班时刻表并严格组织实施，充分利用航班时刻表来宣传本企业，对于方便旅客旅行、提高航空运输服务质量、提高飞机的利用率，都具有非常重要的作用。

编制航班时刻表在一定意义上体现了企业的管理水平和技术水平，而能否严格执行航班时刻表，保持较高的航班正点率，则是航空运输企业素质的反映，是提高运输服务质量的根本要求。旅客对于运输服务企业服务质量的基本要求是安全、正点，因此各级运输服务部门要采取有效措施,争取航班的正常、正点飞行,除经批准外,不准任意变更航班规定的经停站。如果承运人为保证飞行安全,满足急救等特殊需要,可依照规定的程序进行调整。

二、航班时刻表的使用

航班时刻表的印刷排序是从始发站城市到目的站城市。出发城市和到达城市均按英文字母表顺序排列。当在某一城市出发的航班时刻表多于一页时,将在每页的左上角重复印刷此出发城市名称。旅客可以根据始发城市的英文名称第一个字母在字母表中的顺序,查找始发城市。然后在查到的始发城市下面查找目的地城市,目的地城市也是按其英文名称字母顺序排列的。在找到始发城市和到达城市之后,就可以看到这两个城市之间的航班时刻。

航班时刻表一般会给出班期、离站时间、到达时间、航班号、机型、经停次数、舱位等级等信息。其简单解释说明如下所示。

(1)班期,指航班每周执行的情况,代表此航班在一周中的哪一天运营。例如,可以用 1234567 表示每周天天都有航班,也可以用 DAILY 或 DLY 表示,-1-3-5 表示每周 2、4、6 有航班。

(2)离站时间,指航班离站时间,注意我国航班离站时间为北京时间。民航上表示时间的方法有两种,12 小时制和 24 小时制,我国国内航班时间采用 24 小时制,用 4 位数字表示,从 0001 开始至 2400 结束,直接读作几时几分。离站时间为航班关闭舱门时间。航班按照时刻表的规定离站时间关闭舱门,称为航班准点起飞。

(3)到达时间,指航班到达时间,是预计到达目的地机场的时间。与离站时间一样,到达时间也采用 24 小时制。

(4)航班号,是民航运输中按照一定的方法给各个航班编排的不同号码。具体内容参见本章第一节。

(5)机型,是执行该航班的飞机机型代号,为三位数的字母或数字或两者的组合构成。一般可以从班期时刻表的使用说明中查到。例如:JET 表示喷气式飞机;757 表示波音 757 全系列;320 表示空中客车(空客)A320。具体内容参见本章第二节。

(6)经停次数,即航班飞行计划中该航班的停战次数。0 表示没有经停站,1 表示有 1 个经停站,如果超过 8 个,用 M 表示。

(7)舱位等级,F 表示头等舱;C 表示公务舱;Y 表示经济舱;此外还有经济舱的折扣舱位。

思考与练习

1. 航班的分类有哪些?
2. 简述国内航班号码的编排原则。
3. 简述航班时刻表的主要功能。

即 测 即 练

第四章

航 空 售 票

随着国民经济的不断发展，机场及相关配套设施的不断完善，越来越多的旅客选择飞机作为出行的交通工具。航空客票销售作为旅客运输服务的首要任务，在整个运输过程中起着非常重要的作用。航空售票主要包括订座、出票及客票变更等服务。

第一节　客票销售基础知识

一、客票相关概念介绍

（一）定义

客票是指由承运人或代表承运人所填开的被称为"客票及行李票"的凭证，包括运输合同条件、声明、通知及乘机联和旅客联等内容。它是承运人和旅客订立航空运输合同条件的初步证据，是旅客乘坐飞机、托运行李的凭证，同时也是承运人之间相互结算的凭证。

（二）种类

1. 纸质客票、电子客票

纸质客票是指由公司或其客运销售代理人代表公司所填开的被称为"客票及行李票"的凭证，包括运输合同条件、声明、通知及乘机联和旅客联等内容。

电子客票是指由公司或其客运销售代理人销售的以电子数据形式体现的客票，是纸质客票的电子替代产品。同普通纸质客票相比，电子客票是一种不通过纸票来实现客票销售、旅客运输、票证结算以及相关服务的有价凭证。电子客票的用途与普通纸质客票相同，不同的是电子客票的所有数据，如旅客航程、运价、舱位等级、支付方式和税费等信息均以电子数据的形式存储在出票航空公司的电子记录中，以数据交换替代纸票交换数据。出票航空公司以电子数据形式追踪一个旅客运输的全过程。

2. 定期客票、不定期客票

定期客票是指列明航班、乘机日期和订妥座位的客票。

不定期客票是指未列明航班、乘机日期和未订妥座位的客票。

3. 联程客票、来回程客票、连续客票

联程客票是指列明两个或两个以上航班的客票。

来回程客票是指从出发地至目的地并按原航程返回原出发地的客票。

连续客票是指全航程使用两本或两本以上客票共同构成一个单一运输合同的客票。

（三）客票号码的组成

客票号码一般由 14 位数字组成，前 3 位是航空公司运输凭证代码，第 4～6 位表示客票类型、发行单位和乘机联张数的组合代号，最多限 3 位数字，后 8 位数字为客票顺序号。

（四）有效期

客票自旅行开始之日起，一年内运输有效。如果客票全部未使用，则从填开客票之日起，一年内运输有效。客票有效期的计算，从旅行开始或填开客票之日的次日凌晨起至有效期满之日次日凌晨为止。旅客应在客票有效期内，完成客票上列明的全部航程。

特殊票价的客票有效期，按照承运人规定的适用票价的有效期计算。旅客购买客票，如发生退票，则客票的退票有效期一般为客票使用有效期满后再延长一个月。旅费证的有效期为自填开之日起一年内使用有效。退票有效期则为使用有效期满后再延长一个月。

如果由于承运人的原因，造成旅客未能在客票有效期内旅行，其客票有效期将延长到承运人能够安排旅客乘机为止。

二、国内旅客运价

（一）运价的定义及特点

运价是运输产品的价格，是运输产品价值的货币表现，是单位旅客及单位货物在一定运输距离的运输价格。运价反映在客票上指旅客由出发地机场至目的地机场的航空运输价格，不包括机场与市区之间的地面运输费用，也不包括机场建设费、燃油附加费，以及旅客购买其他付费服务和使用其他付费设施所需要的费用。运价是由运输成本、利润和税金等要素构成的。

1. 运输成本

在不能直接计算价值的条件下，需要借助运输成本来了解运输产品的近似价值量与价值变动的趋势。运输成本是可以计算的。

2. 利润

保证一定的利润是扩大再生产的资金来源。确定利润高低的标准一般用成本利润率、工资利润率、资金利润率和综合利润率等几种指标。

3. 税金

从理论上说，税金与利润的性质和来源是一样的，同属于劳动者为社会所创造的价值。但是税金和利润的职能不同，税金在很大程度上受国家政策的支配。

运价具有以下特点。

（1）运价率递远递减，即每客公里的费率随距离的增加而降低。

（2）运价只有销售价格一种形式。由于运输业的产品在生产的同时被消费，不能脱离生产过程这一特点，因而运价只有销售价格一种。

（3）运价随运输对象、方式、数量和距离的不同而变化。

航空运价由其本身在经济技术上的特点决定了还具备以下两个特点。

（1）运输价格高。由于航空运输属于高投入、高成本、低赢利的产业，运输产品成本高，导致运输价格比其他运输方式的价格高。

（2）运价种类繁多。运价随运输对象、运输距离、季节等因素的影响而不同。航空运价种类之多是其他运输方式所没有的，具有更大的灵活性。

（二）国内旅客运价的种类和适用范围

1. 各服务等级票价

服务等级指为旅客提供服务的等级，按照提供服务等级的不同收取不同的票价。国内航线的客运价一般分为三个服务等级：头等舱票价（F）、公务舱票价（C）、经济舱票价（Y）。此外还有混合等级票价、多等级舱位票价等。

（1）头等舱票价

航空公司在有头等舱布局的飞机飞行的国内航班上向旅客提供头等舱座位。头等舱的座位较普通舱座位宽而舒适；向旅客免费提供的餐食及地面膳宿标准高于普通舱；专门设置值机柜台和候机厅为头等舱旅客提供优质、快捷的服务；每人可免费携带的行李限额为40千克。国内头等舱票价每个航空公司针对不同航线，会有不同的定价策略，头等舱全价现一般为经济舱全价的1.5倍、2倍、2.5倍或3倍等。

（2）公务舱票价

航空公司在有公务舱布局的飞机飞行的国内航班上向旅客提供公务舱座位。公务舱座位宽度较头等舱窄；餐食及地面膳宿标准低于头等舱，高于经济舱；每人可免费携带的行李限额为30千克。国内公务舱票价每个航空公司也采取不同的定价策略，公务舱全价一般为经济舱全价的1.3倍、1.5倍、2倍、2.5倍或3倍等。

（3）经济舱票价

航空公司在飞机飞行的国内航班上向一般旅客、团体旅客和持优惠票价的旅客提供经济舱座位。每人可免费携带的行李限额为20千克（不占座位的婴儿除外）。

（4）混合等级票价

混合等级票价就是旅客在整个旅程的某航段使用不同的服务等级的运价。例如，部分航段乘坐经济舱座位，部分航段乘坐头等舱座位。混合等级票价同样适用于乘坐头等舱和公务舱座位、公务舱和经济舱座位。一般国内航空客票票价是按旅客实际乘坐的不同等级航段分段相加，而国际航空客票票价根据国际航空运价规则计算的结果来收取。

（5）多等级舱位票价

自2004年4月20日起，经国务院批准，《民航国内航空运输价格改革方案》开始实施，要求对国内旅客运输票价实行以基准价为基础的浮动幅度管理。

在航空企业的市场营销中，飞机舱位就是航空公司的产品，舱位种类的多少就是航空公司产品的多少。因此，近年来，航空企业除了根据服务等级确定了头等舱、公务舱和经济舱的运价外，为了丰富航空公司的产品，还通过不同的运价来满足不同的市场需求，从而实现收入的最大化。航空企业在同一服务等级运价基础上，通过对运价附加如签转、更改、退票、出票和付款时限等运价限制条件，制定出多个价格依次递减的子舱位运价。例如，在经济舱（即Y舱）的后面设置了子舱位：K舱、B舱、E舱、H舱、L舱、M舱、

N 舱、R 舱、S 舱、T 舱等。所有这些子舱位座椅的舒适度、餐食标准与 Y 舱完全相同，所谓"多等级"指的只是航空运价及其相关销售和使用条件限制的多寡程度。限制条件无疑是多等级票价系统的关键，完全相同的产品出现高低不同的价格时，只有限制条件才能阻止承受能力较高、理应购买高票价的旅客购买便宜机票。航空公司利用各类旅客需求的特点，制订了一系列的运价使用限制条件。

航空企业采取了多等级舱位的销售方法，就可以通过运价与不同舱位销售量的乘积精确计算出该航班的收入。

2. 旅程方式票价

国内航空客票票价按旅客的不同行程方式可以分为单程票价、来回程票价、联程、分程票价和联程中转票价。

（1）单程票价

单程票价也称为直达票价。它仅适用于规定航线上的从始发地至目的地的航班运输。我国现行对外公布的票价均为航空运输的直达票价。

（2）来回程票价

国内来回程客票票价一般由两个单程票价组成，一个是使用直达票价的去程运输，一个是使用直达票价的回程运输。我国有些空运企业来回程票价在两个单程票价的基础上可享受一定的折扣。而国际来回程客票票价相对于其单程票价，都有一定幅度的折扣。有些空运企业直接推出了来回程票价，优惠于两个单程相加价格。

（3）联程、分程票价

旅客的航程超过一个以上航班，需要在某航班的中途站或终点站换乘另一个航班才能到达目的地，这称之为联程。中途分程指经承运人事先同意，旅客在出发地点和目的地点间旅行时，非承运人愿意在中途站中断其旅行超过 24 小时。在国内运输中，分程、联程旅客的票价并无差别，都应按实际航段分段相加计算票价。

（4）联程中转票价

联程中转票价指各航空公司为了最大限度利用舱位，整合运力资源推出的票价。与直达航班相对应，旅客在中转点换乘本航空公司其他航班前往目的站，全程多个航段视为一个运价区所使用的票价，即为联程中转票价。其一般价格低于直达票价，航空公司会要求订特殊舱位。

3. 优惠票价

优惠票价是承运人向特定的运输对象提供一定折扣的优惠票价，以适用的票价为计算基础，除另有规定外，不得重复享受其他票价优惠。

（1）儿童、婴儿票价

儿童指运输开始之日年龄满两周岁但不满 12 周岁的人。儿童按成人相应舱位等级全票价的 50%购儿童票，提供座位。

婴儿指运输开始之日年龄不满两周岁的人。婴儿按成人相应舱位等级全票价的 10%购婴儿票，不提供座位。如需要单独占用座位，应购买成人相应舱位等级全票价 50%的儿童票。当一名成人旅客所带婴儿超过一名时，其中只有一名婴儿可购婴儿票，超过的婴儿应按实际人数购买儿童票，提供座位。

未满五周岁的儿童乘机，必须有成人陪伴而行。如果是无成人陪伴的儿童（5～12 周岁），应在购票前提出申请，经航空公司同意后，在航空公司售票处购票乘机。

（2）革命伤残军人和伤残人民警察

在我国境内，革命伤残军人凭《革命伤残军人证》、伤残人民警察凭《人民警察伤残抚恤证》购买国内航线客票，其票价可享受适用等级票价的 50%的优惠。革命伤残军人票价折扣代码为 DFMM50，伤残人民警察票价折扣代码为 DFPP50。

（3）行业折扣票价

行业折扣票价是航空公司内部职工、销售代理人、民航局职工及协作单位职工因私或因公乘坐飞机，经相关航空承运人批准，可享受低于适用票价 50%的一种票价。旅客必须在购票前提出书面申请，经航空企业主管部门受理和审批同意后签发"授权出票通知单"，旅客凭"授权出票通知单"、身份证件到指定的航空公司售票处办理购票手续。

行业票价一般分优惠 75%（1/4 票，代码为 ID75 或 AD75）、优惠 50%（半票，代码为 ID50 或 AD50）、优惠 100%（免票，代码为 ID00 或 AD00）三种。优惠票价在任何情况下不得重复享受其他票价优惠。例如，享受了适用成人票价 50%的儿童票，不得重复享受优惠票价的 50%或 75%，但可在几种优惠或折扣票价中选择一种。

购买此类优惠票的旅客一般都不得事先订座，只能持票在航空公司的值机柜台申请候补，在航班有空余座位的情况下，方可办理乘机手续。

（4）教师及学生折扣票价

航空企业在寒暑假期间，在指定的航线上，会对国内全日制大学、大专、中专、中小学和职校等在校教师及学生给予不等幅度的优惠。购买教师学生优惠票时，教师必须持教师工作证和身份证，学生凭有效的学生证，以及身份证或出生证、独生子女证、户口簿；无学生证的，须凭就读学校出具的证明和身份证件办理购票。所购机票只能乘坐指定航空公司的航班，不得办理签转。有关订座和退票的具体规定，以承运人的运价通告为准。

4. 燃油附加费与机场建设费

燃油附加费和机场建设费是由旅客承担的被计入航空税费的一种费用，不属于客票票价的一部分。

（1）燃油附加费

根据国家发展和改革委员会、中国民用航空局下发的关于调整国内航线旅客运输燃油附加收取标准的通知，一般航空燃油附加费的计收按照实际航程距离来划分，800 千米为费用的征收界限，800 千米以下航段为一个档次，800 千米（含）以上航段为另一个档次。其中，国内燃油附加费对于按成人普通票价 50%计价的儿童、革命伤残军人和因公致残的人民警察实行减半征收；对于按照成人普通票价 10%计价的婴儿免征燃油附加费。燃油附加费在客票票面以 YQ 表示。

（2）机场建设费

我国政府规定：凡乘坐国内航班的旅客每人收取机场管理建设费人民币 50 元；国际

航班收取机场管理建设费人民币 90 元。乘坐国内支线航班的旅客每人收取机场管理建设费 10 元（支线飞机指座位数在 50～110 座的机型）。国际航班转乘国内航班的中转旅客，须按规定收取国内机场建设费（儿童和婴儿除外）。国内机场建设费代码为 CN。

第二节 旅 客 订 座

一、订座的概念及要求

订座是对旅客预定的座位、舱位等级或对行李的质量、体积的预留。旅客应该先订座，然后再去购票乘机。随着科技的进步，旅客订座的途径越来越多。旅客可以到航空公司售票处或机票销售代理点来订座，也可以通过电话、网络、信函来办理订座手续，填写旅客订座单。

订座应遵循下列基本要求。

（1）旅客订妥座位后凭该订妥座位的客票乘机，不定期客票应向承运人订妥座位后方能使用；

（2）已经订妥的座位，旅客应在承运人规定的时限内购票，否则座位不予保留；

（3）承运人可在必要时暂停接受某一航班的订座；

（4）承运人应按旅客订妥的航班和舱位等级提供座位。

二、计算机订座系统

民航订座要通过订座系统来实现。订座系统包括航空公司订座系统（inventory control system，ICS）和代理人分销系统（computer reservation system，CRS）。航空公司订座系统由 20 多家航空公司在使用；代理人分销系统有 7000 多家代理人约 3 万台终端在使用。

（一）ICS 与 CRS 系统的特征

ICS 全称是编目航班控制系统，是指航空公司人员使用的一个集中式、多航空公司的系统。每个航空公司享有自己独立的数据库、独立的用户群、独立的控制和管理方式，各种操作均可以加以个性化，包括航班班期、座位控制、运价及收益管理、航空联盟、销售控制参数等信息和一整套完备的订座功能引擎。该系统为航空公司专用。

CRS 主要用户是代理人和代理机构。它的主要功能是为代理人提供航班可利用情况查询、航段销售、订座记录、电子客票预订、旅游产品等服务。CRS 作为代理人分销业务开展的目的，一是为航空代理商提供全球航空航班的分销功能；二是为代理商提供非航空旅游产品的分销功能；三是为代理商提供准确的销售数据与相关辅助决策分析结果。

基于以上目的，从 CRS 的组成上，它是一个覆盖广大地域范围的计算机网络。它主要有以下三个特征。

（1）实时性：网络上的终端从提交命令到得到结果应答，这段响应时间一般不超过 3 秒钟。

（2）不间断性：由于 CRS 覆盖的地域十分广泛，一天 24 小时内，任何时间网络上都有终端在工作，因此，系统运行在任何时间都不能中断。

（3）高可靠性：系统中的数据在任何意外情况下都不能被破坏，为此，系统实行了多套主机、随时备份等措施。

正是因为 CRS 有这些特征，一方面，通过 CRS，分布于世界各地的销售代理都可以使用网络的终端来出售机票及旅行产品；另一方面，航空公司通过将自己的营运数据投入 CRS 中销售，可在最大限度的区域中销售自己的航班座位，同时通过有效的座位控制，提高航班座位利用率和商业利益。

CRS 发展到今天，已经具备了非常完善的功能。它能够提供的服务有：中国民航航班座位分销服务、国外民航航班座位分销服务、BSP 自动出票系统服务、运价系统服务、常旅客系统服务、机上座位预订服务、各类等级的外航航班分销服务、旅馆订房等非航空旅游产品分销服务、旅游信息查询系统服务、订座数据统计与辅助决策分析服务等。

中国民航信息网络股份有限公司（简称中国航信）的主机系统作为中国最大的主机系统集群，担负着中国民航重要的信息处理业务。通过未来对代理人分销系统的建设，中国航信的代理人分销系统将发展成为服务于整个航空及旅游业的一个通用系统。除了原有的航空运输业外，旅馆、租车、旅游公司、铁路公司、游轮公司等的产品分销功能也将容纳到代理人分销系统中来，使中国航信的代理人分销系统能够提供一套完整的旅游服务。经过技术与商务的不断发展，中国航信的代理人分销系统将能够为旅行者提供及时、准确、全面的信息服务，满足消费者旅行中包括交通、住宿、娱乐、支付及其他后继服务的全面需求。

（二）ICS 与 CRS 的关系

首先是 ICS 与 CRS 的区别。ICS 是航空公司专用，而 CRS 是针对销售代理，所以他们的服务对象不同。ICS 的服务对象为航空公司的航班与座位控制人员，航空公司市场与营运部门的管理人员及航空公司售票处；而 CRS 的服务对象为从事订座业务的销售代理人员，通过此系统进行航班座位及其他旅行产品的销售。

ICS 与 CRS 之间又有着密切的联系（其中 PNR 为旅客订座记录，将在本节后续内容中进行介绍），如图 4-1 所示。它们的硬件、软件及其数据库相互独立，但之间通过内部网络紧密联接。旅客订座信息、价格信息、航班信息等数据传递实时进行，并且保证数据传输准确性和匹配性。

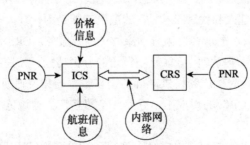

图 4-1　ICS 与 CRS 的联系

CRS 与 ICS 之间存在不同等级的连接方式，使他们之间传递数据时候有着不同的影响。

CRS 如何销售航空公司的座位就是由 CRS 与 ICS 的技术联接方式及商务协议决定的。ICS加入 CRS 的协议等级主要有以下几种方式，按由低到高分为：无协议级、次高等级即直接存取级、较高等级，即直接销售级、最高等级即无缝存取级。

中国 CRS 与中国 ICS 的技术连接方式是无缝存取级，是直接销售级中的最高级别，也是世界上最先进的连接方式。

借助于 ICS 与 CRS 的实时连接，航空公司的座位管理人员可完成如下功能。

（1）各类旅客订座记录的提取、座位确认、取消、修改旅客订座记录中的航段。

（2）随时向 CRS 拍发航班状态更改电报。

（3）可针对 CRS 中的具体订座部门进行座位销售的分配与限制。

由于 CRS 系统可以与国外航空公司的 ICS 系统联接，而 ICS 系统也可同国际上的大CRS 系统联接，这样就可以将我国的航空市场推向世界。

表 4-1 给出了全球主要分销系统名称及标识。目前我国航空公司主要采用的中航信全球分销系统代码为 1E。

表 4-1　全球主要分销系统名称及标识

地区	CRS 名称	标识	地区	CRS 名称	标识
美国	SABRE	1W	东南亚	AMACUS	1B
美国	WORLDSPAN	1P	日本	INFINI	1F
美国	GETS	1X	日本	AXESS	1J
欧洲	AMADEUS	1A	中国	中国 CRS	1E
欧美	GALILEO	1G	韩国	TOPAS	1T

三、订座的基本指令

（一）初步系统操作指令

（1）工作区的显示（DA）：是用来显示某终端上的各工作区的使用情况。

指令格式：DA

例：DA：

A*　8888　24MAY　0959　81　PEK001

B　AVAIL

C　AVAIL

D　AVAIL

E　AVAIL

PID=1111　HARDCOPY=1112

TIME =1008　DATE=24MAY　HOST=LUCK

AIRLINE=CA　SYSTEM =CAAC06　APPLICATION=2

其中 PID 是该终端唯一的物理标识，一个终端只有唯一的 PID 号。A*行标识了 A 区是当前的工作区，8888 是使用当前区的工作号，24MAY 和 0959 是进入当前工作区的日期和时间，81 是工作级别，PEK001 是 OFFICE 号。

（2）进入工作区（SI）：是用于工作人员输入自己的工作信息以进入系统。每个工作人员都应该有自己的工作号，只有输入工作号才可以正常工作。

指令格式：SI：工作号/密码/级别

例：SI：1500/12345A/82/PEK001

显示：PEK001 SIGNED IN A

（3）完全退出工作区（SO）：是使工作号退出所占有的工作区。当工作人员结束正常工作，须将工作号退出以防被人盗用。

指令格式：SO

显示：PEK001 1500 SIGNED OUT A

（4）临时退出系统（AO）：是用于暂放弃工作区的控制。应用于某些情况下，工作人员临时离开系统，需要将工作号退出来。

指令格式：AO

若要恢复临时退出，重新建立对暂放弃的工作区的控制，需要用 AI 指令。

指令格式：AI：工作区/工作号/密码

（5）改变工作号的密码（AN）。

指令格式：AN：旧密码/新密码

（二）航班信息指令

1. 显示航班时刻（SK）

指令格式：SK：起始地目的地／日期／航空公司

例：SK：CANPEK/02NOV/CZ（由南航承运的 11 月 2 日广州至北京航班时刻）

2. 显示座位可利用情况（AV）

指令格式：AV：城市对/日期/时间/航空公司代码

例：AV：PEKSHA/10OCT/MU（由东航承运的 10 月 10 日北京至上海座位可利用情况）

3. 最早可利用航班的显示（FV）

指令格式：FV：城市对/日期/时间/座位数/航空公司代码

例：FV：/CANPEK/20NOV

（三）旅客订座记录

1. 旅客订座记录的定义

旅客订座记录（passenger name record，PNR），指旅客在航空公司销售系统中整个航程的订座、购票的完整信息，是一组记录了旅客姓名、旅行地点、时间、联系电话等各种信息的记录。它是通过计算机信息管理中心提供的旅客订座服务系统的有关指令来完成的。PNR 在订座系统中最主要的作用是订座，此外还可以打票、建立常客信息、订旅馆，以及其他相关信息。当一项订座事务（如座位预定、申请或列入候补）处理完成以后，就为每一旅客建立和储存一个 PNR。生效一个 PNR 后，系统会给出一个记录编号，记录编号由 6 位字母或数字组成。

2. PNR 的基本组成

一个完整的 PNR 建立一般包括下列项目。

（1）姓名组 NM（Name）：姓名组是组成 PNR 必不可少的项目，它记录了旅客姓名、所订座位数、称谓、特殊旅客代码等内容。

指令格式：NM：该姓氏的订座数/旅客姓名。如果该旅客属于特殊旅客，还要加上相应的特殊旅客代码。例如：

①1 名大人张三带 1 名儿童李四。指令是：NM：1 张三 1 李四（CHD）

②2 名旅客都姓张，分别叫张三和张四。指令是：NM：2 张三/四

③1 名叫作王伟的 6 岁无人陪伴儿童。指令是：NM：1 王伟（UM6）。UM 指无人陪伴儿童，6 是指年龄。

④1 名大人王林携带 1 名 2019 年 10 月出生的婴儿王东。指令是：XN：IN/王东（OCT19）/P1。注意婴儿旅客指令不是 NM，而是 XN 加上婴儿的标识 IN。P1 是婴儿跟随成人的编号，即打印完 P1 旅客的客票后，会接着打印该婴儿的客票。

（2）航段组 SD（Segment，英文的段或者线段），可分为以下四种情况。

①可采取行动的航段组。（Actionable）（SS）或（SD）

SS 是直接建立航段组，是营业员在知道待订航班的所有信息，如航班号、日期、航段、舱位、起飞时间等情况下建立起来的。指令格式为：SS：航班号/舱位/日期/航段/行动代号/订座数。例如 SS：CA1301/Y/20OCT/PEKCAN/2。

SD 是间接建立航段组，需要营业员先将航班信息提取出来，再根据旅客的要求选择适当的班次。需要先用 AV 指令查询出航班内容，再输入 SD 指令来间接建立航班信息。间接建立航段组的指令格式为：SD：航段序号/舱位等级/行动代号/订座数。这里的航段序号，是指之前通过 AV 指令查询到的航班的序号。例如，通过 AV 指令查询到三条符合旅客要求的航班信息，旅客选择乘坐第二条信息的航班，要订三张经济舱的票。则指令为：SD 2/Y/3。

②提供情况航段组。（Informational）（SA）

③到达情况不明航段组。（ARNK）（SA）

④不定期航段组。（Open）（SN）

（3）联系组 CT（Contact）：它是用于建立与旅客之间的联系。指令格式为：CT：城市代码/自由格式。用于记录各种联系信息，方便查询代理人及旅客信息。联系组的信息相当重要，它包括可以与旅客联系上的真实有效的信息，如办公电话、家庭电话、销售代理人电话、旅客本人电话等。

联系组一般分为如下两部分。

①旅客联系信息由售票员手工输入，如记录旅客联系电话、地址等，如 CT/021-12345678。

②代理人联系信息由计算机系统自动生成，包括代理人所在城市、名称、电话及负责人。各航空公司为了进一步体现其对于航班服务的理念，提高不正常航班的旅客本人通知到达率，要求 PNR 中输入旅客本人手机号。输入格式为：OSI 航空公司两字代码 CTC 手

机号/Pn。Pn 是旅客姓名在显示中的序号。

（4）出票组 TK（Ticket Status）：注明旅客出票情况，已出票的将给予证实，而未出票的则写明具体出票的安排与限定。

已出票指令格式为：TK：T/TN 完整票号。T 表示已出票，票号一般为 3 位的航空公司客票代码和 10 位的票号，共 13 位数字，例如，TK：T/7814010096452。

未出票指令格式为：TK：TL/出票时限/日期时限/出票部门。TL 表示未出票。例如：TK：TL/1200/8DEC/BJS123，表示出票时限，即该订座的保留时间为 12 月 8 日 12 点，由北京 BJS123 代理人预订。

出票情况有以下几种类型：T——已出票、TL——出票时限、TT——电传出票、AT——机场出票、WC——旅客自己取票、MT——邮寄出票。

对于旅客已经订妥的座位，应在承运人规定或预先约定的时限内购买客票，承运人对所订座位在规定或预先预约的时限内应予以保留。一般情况下，承运人将保留无限制条件票价的航班的座位。如果旅客未在该规定的时间限制内购买客票，则所预订的座位将被取消。对于有特殊限制条件的航班的座位，一般情况下，航空公司都不允许旅客预先订座，而采用随定随售的方法。对于超过预订时间限制的航班的座位，航空公司将予以取消，以利于航班座位的再次销售，提高座位的利用率。

（5）旅客身份信息组（SSR FOID）：用于输入旅客的有效证件信息。其中证件种类 NI 为身份证，PP 为护照，ID 为其他证件。

（6）特殊服务组 SSR（Special Service Request）：是代理人记录旅客在旅行中需要的特殊服务，并依此与航空公司进行信息交换。包括需要马上采取行动后回复的各类服务。特殊服务包括：特殊餐食、常客信息、无陪儿童等内容。这些内容都需要营业员手工输入来建立。

为旅客建立特殊服务项目时，需要在订座电脑的 PNR 的补充项目中选用 SSR 代码。SSR 特殊服务项表示旅客要求提供的一项特别服务或一项订座服务信息，收电承运人要立即采取行动和进行答复。PNR 封口后，每次建立或修改，都要随着相应的电报或航空公司信箱（QUEUE）拍发到各个有关承运人或部门。

特殊服务组指令格式为：SSR：服务类型代码/航空公司两字代码/行动代码/需要该项服务的人数/航段/内容/旅客标识/需要该项服务的航段序号。

例如：为东方航空公司航班的第一名旅客订素食餐食，指令为 SSR：VGML MU NN1/P1/S2。VGML 为素食餐食的特殊服务代码。

（7）其他服务信息组 OSI（Other Service Information）：与 SSR 相比，这里提供的服务情况不需要立即回答和答复，相应的电报或通告将会出现在航空公司的有关部门。其他服务组的格式为 OSI：航空公司二字代码/服务代码/内容/旅客序号。

例如：P1 旅客为东航的 VIP，为他建立 OSI 项：OSI：MU/VIP/MAYOR OF SHANGHAI/P1。

（8）备注组 RMK（Remark），是用来记录某些可能有助于了解旅客情况的信息。它有以下两类，第一类是代理人手工输入的信息。格式为：RMK：/备注组类型自由格式文本/旅客标志，第二类是 ICS 反馈的记录编号，用以记录该 PNR 与航空公司系统对应的 PNR

的记录编号。

（9）责任组，是指当前所操作的终端所属区域，由订座系统自动建立。

上述项目中，姓名组、航段组、联系组、出票组和责任组由于记录了最必要的信息，因此是建立 PNR 所必须包括的项目。其他项为可选项。

3. PNR 的建立

建立 PNR，要按照不同旅客的不同情况，首先要建立 PNR 的各个项目，最后以封口指令@使记录生效，订座系统自动产生记录编号。

建立 PNR 的一般程序流程如下：通过订座系统查询航班座位可利用情况（AV 指令）→建立航段组（SD 指令）→输入旅客姓名（NM 指令）→输入旅客联系地址（CT&OSI 指令）→输入票号（或输入取票时间）（TK 指令）→输入特殊服务组（SSR）[或其他服务组（OSI）、备注组（RMK）]，完成之后，输入封口指令@。只有封口后，才可以继续建立其他 PNR。一般情况下，如果旅客无特殊服务要求、无其他服务情况，或无须输入备注情况时，可以省去这三项内容，前面的五项为必选项。

示例：为旅客李明预订上海至北京 10 月 12 日早上最早一班直达经济舱机票一张。预订座位流程如下。

（1）查询航班信息

AV：SHAPEK/12OCT/MU

假设上述 AV 指令查询到三个航班，其中第一个航班符合要求，航班具体信息为：MU5137 SHAPEK 0700 0920。

（2）预订航段

SD：1/Y/1

（3）输入旅客姓名

NM：1 李明

（4）输入旅客证件号码

SSR FOID：MU HK/NI310103198802080246/P1。

（5）输入联系电话

OSI MU CTC 13666666666/P1

（6）输入预留时限

TK：TL/1200/10OCT/SHA888

（7）封口

@IK

（8）提取 PNR。输入指令后，系统中显示提取出的旅客订座记录如下所示。

李明　JS55F1

MU5137 Y TU12OCT PVGPEK HK1 0700 0920

TL/1200/10OCT/SHA888

SSR FOID MU HK1 NI310103198802080246/P1

OSI MU CTC 13666666666/P1

RMK CA/MA6RNB

SHA888

其中 JS55F1PNR 为记录编号，SHA888 为责任组，MA6RNB 为航空公司 ICS 记录编号。

第三节 电子客票

一、概述

民航业作为最早使用信息技术的行业之一，始终在不断地使用信息技术推进行业内部的信息化发展。1994 年，世界上第一张电子客票在美国诞生。电子客票以使用便利、防丢防伪、印制运输管理成本大大降低、结算速度显著提升等突出优势，迅速占领了市场。根据国际航空运输协会全球实施电子机票的统一部署，从 2008 年 6 月 1 日起，包括我国在内的全球机票代理机构将全面停售纸质机票。目前国际航空运输协会庞大的会员航空公司中，已经 100%销售电子客票。这标志着通过近些年的努力，民航客票电子化计划取得了成功，电子客票彻底取代了纸质客票。

二、标准电子客票样式

（一）提取电子客票票面信息

常用的查询电子客票信息指令主要有以下几种方式。

①DETR：TN/票号，根据 13 位票号提取航信数据库电子客票记录。

②DETR：CN/PNR 记录编号，按照 PNR 记录编号提取电子客票记录。

③DETR：NM/旅客姓名，按照旅客姓名提取电子客票记录。

④DETR：NI/身份证号，按照身份证号提取电子客票记录。

⑤DETR：PP/护照号，按照护照号提取电子客票记录。

（二）电子客票票面及栏目说明

下面是提取的某个电子客票票面信息，样式如下所示：

ISSUED BY：AIR CHINA   ORG/DST：BJS/TAO   BSP-D

E/R：不得签转

TOUR CODE：TC0302

PASSENGER：ZHANG/MING

EXCH：CONJ TKT

0 FM：1PEK CA 1501 Y 15NOV 1825 OK Y 20K OPEN FOR USE

RL：CF4MY/T70VF 1E

TO：TAO

FC：12DEC03PEK CA TAO 570.00 CNY570.00END

FARE：CNY570.00 | FOP：CASH

TAX：CNY 50.00CN

TOTAL：CNY620.00 | TKTN：999-3963608647

在这张国内电子客票的样本中，我们可以找到目前使用的电子客票上的大部分信息。

图 4-2 和图 4-3 分别给出了两张电子客票的票面，很明显其右上角的标识有所不同。电子客票右上角的标识含义如下：BSP-D 代表 BSP 电子客票—国内；BSP-I 代表 BSP 电子客票—国际；ARL-D 代表航空公司本票电子客票—国内；ARL-I 代表航空公司本票电子客票—国际。即 BSP 电子客票由代理人销售，而 ARL 电子客票由航空公司销售。

```
ETKD:1
ISSUED BY: CHINA EASTERN AIRLINES    ORG/DST: SHA/SHA                BSP-I
E/R: Q/NON-END. REF/CHG 800CNY.
TOUR CODE:
PASSENGER: CAI/JINFENG
EXCH:                                CONJ TKT:
O FM:1PVG MU    583  V 05MAY 1300 OK V2PRCN    05MAY7/05MAY7 2PC CHECKED IN
      T1B  RL:NDH5J4  /HD28L11E BN:156
O TO:2LAX MU    536  N 10MAY 1230 OK NKXSRCN   10MAY7/10MAY7 2PC OPEN FOR USE
      B T1 RL:NDH5J4  /HD28L11E
      TO: PVG
FC: A  05MAY17SHA MU LAX166.50MU SHA456.09NUC622.59END ROE6.906520 XI 248.0
OUS28.00XA49.00XY38.00YC2256.00YQ31.00XFLAX4.5
FARE:         CNY 4300.00  FOP:CA3
TAX:          CNY 90.00CN  OI:
TAX:          CNY 39.00AY
TAX:          CNY248.00US
TOTAL:        CNY 7079.00  TKTN: 781-4905854992
```

图 4-2　国内电子客票票面

```
ETKD:1
ISSUED BY: INFINI               ORG/DST: HND/NRT              ARL-I
E/R: Q/NON-END/RER./CHG FEE JPY8500./RFD FEE JPY17000 BEF DEP./
TOUR CODE:
PASSENGER: HONDA/RINMISS (CHILD)
EXCH:                           CONJ TKT:
O FM:1HND MU    576  B 02MAY 0840 OK QSRJPS/CH0 02MAY7/02MAY7 2PC USED/FLOWN
   I  T1  RL:PEMPGK  /KWOIZB1F BN:50                                    IRR
X TO:2PVG MU    569  Q 02MAY 1235 OK QSRJPS/CH0 02MAY7/02MAY7 2PC USED/FLOWN
      T12E RL:PEMPGK  /KWOIZB1F BN:45                                   IRR
O TO:3CDG MU    554  Q 05MAY 1325 OK QSRJPS/CH0 05MAY7/05MAY7 2PC OPEN FOR USE
      2ET1 RL:PEMPGK  /KWOIZB1F                                        IRR
X TO:4PVG MU    523  B 06MAY 0905 OK QSRJPS/CH0 06MAY7/06MAY7 2PC OPEN FOR USE
      T12  RL:PEMPGK  /KWOIZB1F                                        IRR
      TO: NRT
FC: 02MAY17 TYO MU X/SHA MU PAR M153.62MU X/SHA MU TYO M153.62NUC307.24E
ND ROE102.523 XT2560FR3420QX560IZ12460YQ
FARE:        JPY   31500  FOP:CA3
TAX:              1280SW  OI:
TAX:               100OI
TAX:             19000XT
TOTAL:       JPY   51880  TKTN: 781-1175700671
```

图 4-3　国际电子客票票面

下面介绍电子客票的各个具体栏目。

①旅客姓名（NAME OF PASSENGER）：中国旅客按中文习惯填写姓名，如果是外国旅客，按英文大写字母填写，先写姓，后面划上一条斜线，后面写名。如名字不便使用或无足够地方打印时，可简写名字，以名字的首字母代替。后面加上适当的称呼，如先生（MR）、夫人（MRS）、小姐（MISS）。特殊旅客在姓名后应跟随相应代码，如婴儿和儿童分别在姓名后加注 INF 和 CHD，并加注出生年月日，无人陪伴儿童注明 UM 和年龄。

②航程（FROM/TO）：将航程的始发地地名填入"自"（FROM）栏内，然后按照旅客旅程顺序，把到达地点填入下面各个"至"（TO）栏内。地名一律用全名，不要用简称和代号，机场三字代码可注明在旁边的括号内。一个城市有两个以上的机场时，应在城市名称后注明机场的全名或三字代码。

③承运人（CARRIER）：填写各航段已经申请或订妥座位的承运人的两字代码。如无

已经申请或订妥座位的承运人，此栏可不填或填入 YY。

④航班号/等级（FLIGHT/CLASS）：填写已订妥或已申请座位的航班号。填写按旅客要求已订妥或已申请座位的等级代码，根据各航空公司舱位等级填写。

⑤出发日期（DATE）：填写乘机日期和月份。日期以两个阿拉伯数字表示，月份以其英文的月份简语表示。日期在前，月份在后，中间用斜线隔开。

⑥出发时间（TIME）：填写各航段已经申请座位或订妥座位的航班离站时间，采用 24 小时制填写。例如，上午 8 时 10 分填写为 0810。均为各始发地当地时间。

⑦订座情况（STATUS）：用代号填写出售客票时的相关航段的订座情况。表 4-2 给出了几种常见的客票状态说明。

表 4-2　几种常见的客票状态说明

客 票 状 态	说　明
OPEN FOR USE	客票有效
VOID	已作废
REFOUND	已退票
CHECK IN	正在办理登机
USED/FLOWN	客票已使用
SUSPENDED	挂起，客票禁止使用

如旅客所购客票包括不定期航段，应在订座记录各栏内（包括航班号、舱位等级、日期、离站时间、订座情况）横贯填写：中国旅客填写"不定期"字样，外国旅客填写"OPEN"字样。如旅客购买客票后，所申请的航班座位获得证实或原不定期航段要改为定期航段，应填写更改标签，贴在有关乘机联上，并加盖业务用章或更改章。

⑧运价类别（FARE BASIS）：填写按旅客要求已订妥或已申请座位的等级代号。如头等舱（F）、公务舱（C）、经济舱（Y）等。

⑨在……之前无效（NOT VALID BEFORE）：根据票价规定不允许某一乘机联在某一日期前使用，则将该日期填入相应目内。

⑩在……之后无效（NOT VALID AFTER）：根据票价规定不允许某一乘机联在某一日期后使用，则将该日期填入相应栏目内。

⑪免费行李限额（ALLOW）：根据旅客所持客票的票价类别和座位等级分别填写规定的免费行李额，以千克计算。例如，头等舱免费行李额 40 千克、公务舱免费行李额 30 千克、经济舱免费行李额 20 千克。去美国、加拿大的旅客的免费行李额件数为两件，头等、公务舱每件行李重量不超过 32 千克，经济舱每件行李重量不超过 23kg。

没有免费行李额的，栏内可填"NO""NIL"。

⑫旅游代号（TOUR CODE）：填开个人或团体综合旅游票价的客票时，在本栏内填写综合旅游的正式编号，无代码可不填。旅游编号一般由不超过 14 位数字组成，第 1、2 位数字填写 BT 或 IT，第 3 位数字填写该旅游批准的年份，第 4、5 位数字填写批准旅游承运人的 2 字代号，第 6 位数字填写国际航协规定的 1、2 或 3 分区，第 7～14 位数字表示

经营该项旅游单位的简称和编号。

⑬运价计算区（FARE CALCULATION AREA）：填写票价的计算过程。

⑭运价（FARE）：填写货币代号及票价总额。

⑮实付等值货币运价（EQUIVALENT FARE PAID）：收人民币，填写"币"或"CNY"。如所付的货币不同于"票价"栏内所填货币或不是付款地点国家的货币时，应在本栏填写所收货币的货币代号和金额（即货币取整后的金额）。

⑯税费（TAX/FEE/CHARGE）：国内客票此栏目前包括旅客机场建设费（CN）和国内航线燃油附加费（YQ）。

⑰总金额（TOTAL）：填写货币代号及票价总额。在总金额前加上货币代号。

⑱付款方式（FORM OF PAYMENT）：填入旅客的付款方式，如现金（CASH）、支票（CHECK）、信用卡代码及号码。

⑲始发地/目的地（ORIGIN/DESTINATOIN）：旅客的航程只需填开一本客票时，此栏可不填。旅客全航程需要用两本（含）以上的客票时，每本客票上都应将全航程的始发地和目的地三字代码填入本栏。环程、来回程的始发地和目的地是同一地点时，该栏内填入同一个城市的三字代码。

⑳航空公司记录/订座记录编号（AIRLINE DATA/BOOKING REFERENCE）：将旅客的订座记录编号（PNR）填入本栏。

㉑签注/限制（ENDORSEMENTS/RESTRICTIONS）：填写航班的订座情况或特别注意事项。根据承运人要求填写。例如，填写不得签转、退票等字样。

㉒换开凭证（ISSUED IN EXCHANGE FOR）：填写凭以换开客票的原客票的票证号码，包括承运人的票证代号、票证序号等。

㉓原出票栏（ORIGINAL ISSUE）：填入被换开客票的全部客票号码、出票地点、日期及空运企业或代理人的代号。本栏所填写内容也作为原出票人签转权利的证明。如在原始票证的相同栏内已有填注，应将内容转填入新客票的本栏内。

㉔连续客票（CONJUNCTION TICKETS）：在全航程连续使用几本客票时，应在每本客票的本栏内填写各本客票的客票号码。连续客票必须用相同的票证代号，并且按序号顺序衔接使用。客票应按航程顺序订在一起使用。不能使用不同联数客票组成连续客票。具体填写方法是列明第一本客票的全部客票号码，然后加列其他各本续后客票号码中序号的最后两个数字，中间用斜线隔开。例如，填开中国国际航空公司两本连续客票 999-1036067521，1036067522，1036067523 在本栏填写"999-1036067521/22/23"。

㉕出票日期、地点和出票人（DATE AND PLACE OF ISSUE-AGENT）：注明出票地点、日期，并由经手人在"出票人"签字并另盖业务章。盖章和签字必须清晰，易于辨认。未盖业务用章的客票一律无效。

三、电子客票的特点及优势

（一）主要特点

电子客票是普通纸质客票的一种存在于计算机系统内的电子映像，是一种电子号码记录，是纸质客票的电子替代产品。它具有下列特点。

①电子客票是普通纸制机票的一种电子映像。纸质客票将相关信息打印在专门的机票上，而电子客票则将所有数据、如旅客旅程、运价、舱位等级、支付方式和税费等信息以电子数据的形式存储在出票航空公司电子票数据库记录中。

②电子客票可以像纸票一样，执行出票、作废、退票、换开等操作。营业员可以随时提取电子客票，查看客票的信息。

③旅客不需要携带纸制的凭证，只要出示有效的身份识别证件即可办理乘机手续。电子客票采用全部电子化的结算流程，不需要的纸质票联就能结算。

（二）优势

电子客票之所以能在短时间内快速发展，并得到航空公司和旅客的青睐，其主要在于相对传统的纸质机票，它具有很多方面的优势。下面介绍一下电子客票的优势。

（1）在提供服务方面

电子客票为航空公司和乘客带来了诸多利益。对于乘客，有更多的选择和便利；旅客可通过互联网购买机票和用银行卡支付票款，无须再到售票柜台去付款，不需送票、取票。客人购票后直接在机场凭有效证件办理登机牌，持有效证件和登机牌通过安检直接登机。乘客只需要记住航班号和起飞时间，凭借有效身份证件就能在机场办理乘机手续。对于航空公司，可以更加有效降低成本、节省时间，实现票证管理的电子化。同时，也便于航空公司开展个性化服务。

（2）在成本方面

使用纸票的成本包括印刷费、运输费、保管费、回收费、人工统计费、 人工结算费等，纸票成本将近30元，而使用电子客票成本可节约2/3以上。电子客票不需要机票打印设备，也可以为航空公司节约固定成本。根据国外航空公司的统计，电子客票的营销成本仅为纸票成本的10%左右。

（3）在安全方面

纸票容易丢失、损坏。一旦丢失、遗忘，就无法登机。而电子客票存储在订座系统中，不存在客票造假和遗失客票的情况。此外，纸票可能被涂改、伪造，电子客票则不存在类似的问题。任何对于电子客票的修改操作都将在订座系统中有专门记录，可以随时查询。电子客票也不会因为打印字迹模糊等原因而影响旅客使用。

（4）在管理便利性方面

纸票需要复杂的管理过程，票证的印刷、分发、监督、回收都需要大量的人力、物力。电子客票有统一、方便的票证管理系统，通过电子数据进行票证管理、使管理更加便利、高效。

（5）在环保方面

使用电子客票不会消耗纸张，也就不会有垃圾等污染物产生。不需要打印，也就避免了打印造成的噪声污染，有利于实现无纸化办公。轻松环保，绿色健康。

与此同时，我们也要看到，电子客票的流程与业务也具有与纸票基本相同的复杂性。因为它的使用也涉及运输、市场、安检、财务、结算、常客等多个业务部门和职能部门，电子客票系统与航空公司的订座系统、运价系统、离港系统、财务系统、结算系统、常客系统和银行支付系统等多个计算机系统直接相关，同时也与客运的相应业务和服务直接相关，有关的运作是一个相当复杂的过程，必须有足够的系统支持，以保证实现电子客票生命周期内的全程管理。

四、电子客票的销售渠道

目前，我国的机票销售渠道有分销与直销两种形式。分销即代理制，代理人分销渠道是航空公司通过授权各地的代理商为其销售机票，然后支付给代理商一定的佣金，目前大多航空公司已逐渐取消前返奖励，而是通过航空公司对代理人完成一定量的出票任务之后给予后返销售奖励。代理人分销渠道可以通过代理人营业门店网点、呼叫中心及代理人在线分销平台进行机票销售，是航空公司通过代理商将机票销售给最终客户。直销渠道是航空公司通过自己的售票营业门店、呼叫中心、官网、移动 App 等方式直接面对顾客销售机票。

我国目前采用的主要是代理人分销渠道，代理人分销渠道占据了航空公司机票销售额的绝大份额。但随着电子客票完全取代传统纸质机票进入市场后，航空公司逐渐认识到在新的售票市场环境下开展航空公司直销的重要性，同时越来越重视搭建自己的直销平台，发展自己的直销体系，其正一步步抢占机票销售市场。航空公司的电子商务平台最大的特点就是操作简单、方便，用户不需要记忆大量的操作指令，而是直接在网页上点击相关的选项即可完成客票的销售、变更及退票等操作。

五、电子客票行程单

电子客票行程单是旅客购买电子客票的付款凭证或报销凭证，同时具备提示旅客行程的作用。电子客票行程单纳入了发票管理范围，由国家税务总局负责统一管理，套印国家税务总局发票监制章。因此，国内航空运输的电子客票行程单具有发票的功能，可以作为报销凭证。但它只适用于在中国境内销售电子客票时向旅客开具，境外（含中国香港、澳门特别行政区和台湾地区）销售应遵循所在国（地区）的法律制度向旅客出具付款凭证。图 4-4 为空白电子客票行程单样表。可以发现，行程单上包含了旅客姓名、航程、航班、

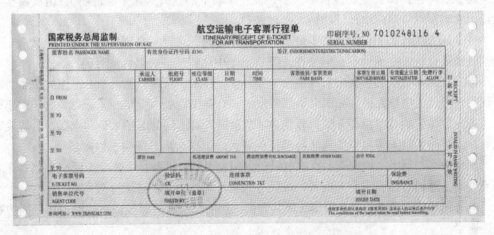

图 4-4 空白电子客票行程单样表

旅行日期、起飞及到达时间、票号等内容。旅客通过行程单了解或要求变更旅行的信息。经国家税务总局授权，中国民用航空局负责全国航空运输电子客票行程单的日常管理工作。

对于电子客票行程单的使用，有如下规定。

①《电子客票行程单》可在出票单位或公司机场指定柜台（如适用）打印；

②《电子客票行程单》采用一人一票，不可重复打印，遗失不补；

③《电子客票行程单》不作为机场办理乘机手续和安全检查的必要凭证使用，旅客凭有效身份证件办理乘机手续。

第四节　售票服务流程

一、购票证件

为确保飞行安全，国家规定，旅客在购买飞机票、办理乘机手续时，必须提供由政府主管部门规定的证明其身份的证件。旅客购票要凭本人有效身份证件或公安机关出具的其他身份证件，并填写"旅客订座单"。

购票证件有以下几类：身份类证件，包括本人有效居民身份证或公安机关出具的其他有效身份证件；护照类证件；军人类证件；未成年人证件。

对于购票证件的基本规定如下所示。

①国内旅客购买飞机票时，必须核查居民身份证。

②法定不予颁发居民身份证的，如人民解放军、人民武装警察及其文职干部、离休干部，分别使用军官证、警官证、士兵证、文职干部或离退休干部证；人民解放军、人民武装警察部队在校学员则使用学员证。16 周岁以下的未成年人购票乘机，可使用学生证、户口簿、独生子女证、出生证或暂住证。

③凡出席全国或省、直辖市、自治区的党代会、政协会、工青代表会和劳模会的代表，无身份证者（包括军官证、警官证、士兵证、文职干部或离退休干部证明），由所属县团级以上党政军对口部门出具证明信，办理购票。

④全国人大代表和全国政协委员执行工作任务时，可以凭全国人民代表大会代表证、全国政协委员证，办理购票，但要在"订票单"中注明证件的名称和号码。

⑤凡经国家批准的有突出贡献的中青年科学、技术、管理专家，外出工作或参加学术会议等，可以凭中华人民共和国人事部颁发的"有突出贡献中青年专家证书"办理购票。

⑥旅客因公执行紧急任务或抢救伤员、危重病人及陪同的医护人员和家属，急需乘飞机者，因时间紧迫未带身份证或无身份证件者，经批准后出具证明予以购票。

⑦中央部、局级、地方省、直辖市级负责同志因紧急事务，未带身份证乘坐其他交通工具外出，返回时需要乘坐飞机者，可凭有关接待单位出具的证明办理购票。

⑧外国旅客、华侨及持有中华人民共和国护照的公民在护照签证有效期内均可凭护照直接购票。

⑨港澳地区旅客可凭《港澳居民来往内地通行证》（又称回乡证）购票，台湾旅客可

凭《台湾居民来往大陆通行证》(又称台胞证)购票，内地旅客前往港澳地区还需凭《中华人民共和国往来港澳通行证》，前往台湾需凭《大陆居民往来台湾通行证》购票。

⑩旅客的居民身份证在户籍所在地以外被盗或丢失的，凭发案报失地公安机关出具的临时身份证明购票。临时身份证明应贴有本人近期相片，写明姓名、性别、年龄、工作单位和有效日期，并在相片下方加盖公安机关的公章。

二、售票流程

售票大致流程如图 4-5 所示，现根据流程图顺序介绍售票的工作程序。

图 4-5　售票的工作程序

第一步是领取票证：凭"票证领取单"领取空白客票，与财务人员当面点清数量，核准后双方在票证登记本上签字，领取的票证须锁入保险柜内妥善保管，每日清点一次并做好交接工作。如有遗失，及时上报。

第二步是准备业务用品：准备好售票所需的工作用笔、订书机、复写纸、销售日报、营业用章、空白客票、保险单、退款单等业务用品。

第三步是测试定座计算机终端：输入工作号，如使用打印客票，则将打印客票装入打印机内，调试打印位置，将相应的空白打印客票号码输入终端机内。

第四步是检查购票证件：接受旅客填写的订座单，检查是否按规定格式填写。检验旅客有效身份证件，核对旅客姓名、身份证号码与订座单填写是否相符。证单相符后才可以订座。

第五步是接受订座：按旅客定座单上的航班、地点、日期、舱位等级，　正确完整的建立旅客订座记录 PNR；对重要旅客、特殊旅客须注明情况；将 PNR 的记录编号和相应内容填入定座单。如旅客购买联程、回程客票，应查看相应航程航班有无座位，航班间的衔接时间是否充足，核实无误，订妥座位后方可售票。

第六步是填开客票：客票应按顺序号使用。按照旅客定座记录 PNR 的内容填开打印客票。要求字迹清晰、内容完整、代号规范、票价正确。填开客票后，将客票号码填入旅客订座单"客票号码"栏，并输入 PNR。如使用打印客票，在建立了 PNR 后，使用打印客票的指令来打印客票。

第七步是收取票款：将已填开好或打印好的客票的会计联、出票人联及多余的乘机联撕下。根据"机票缴款凭证"向旅客收取票款。旅客缴费后，售票人员根据加盖了"已收款"章的"机票缴款凭证"，将客票交给旅客。

第八步是向旅客交代有关事项，包括：①将客票交与旅客时，要请旅客看清客票上记载的有关内容，并说明乘机日期、离站时间、机场名称、何时到机场办理乘机手续等。②如旅客搭乘的航班及规定离站时间，与对外公布的航班时刻表有误差时，应提醒旅客注意，以免误机。③联程、中途分程或回程旅客，需办理座位再证实手续的，应告知其到联程、中途分程或回程站时，与当地民航联系办理座位再证实手续。

三、客票使用的一般规定

①持电子客票的旅客应有一张以旅客的姓名及有效身份证件填开的有效电子客票，否则无权乘机，即客票是记名式的，只限客票所列姓名本人使用，不得转让，否则客票将作废。

②旅客必须按照客票上所列明的航程，从始发地点开始顺序使用。未按顺序使用的乘机联，航空公司不予接受。旅客应在客票有效期内，完成客票上列明的全部航程。

③旅客在我国境外购买的用于纯国内航空运输的国际客票，必须换成国内客票后才能使用。含有国内航段的国际联程客票，其国内航段的乘机联可直接使用。

④每一个旅客，包括按适用正常票价 10% 及 50% 付费的婴儿和儿童，都要单独持有一本客票。

⑤每张客票的乘机联必须列明舱位等级，订妥座位后方可接受运输。对未订座位的乘机联，航空公司或其销售代理人应按旅客的申请，根据适用的票价和所申请航班的座位可利用情况为旅客预订座位。

⑥当客票上列明的旅客不是该客票付款人时，应根据付款人要求在客票上的"签注"栏列明退票限制条件，如退票款仅退给付款人或指定人等。

第五节　客票退改签的办理

一、客票退票的办理

旅客购票后，在有效期内未使用的部分或全部航段的票证，旅客要求退还其所支付的客票款称为退票。旅客要求退票，应根据退票有关规定及时、正确办理。

退票分为自愿退票和非自愿退票两种情况。

（一）退票的一般规定

①定期客票在客票旅行始发之日起 13 个月内申请办理，不定期客票在客票填开之日起 13 个月内申请办理，逾期不予办理。

②旅客办理退票需提供旅客本人的有效身份证件，如果委托他人办理还必须持有乘机人的委托书和旅客本人及退票人的有效身份证明，对于电子客票退票若已打印过行程单需退还。

③票款只能退给客票上列明的旅客本人或客票的付款人。

④旅客在航班的经停地点自愿终止旅行，该航班未使用航段作自动放弃，票款不退，但其他航班未使用航段的乘机联仍可作为运输或退票的依据。

⑤退款在任何情况下不得超过旅客原付票款，通常按原收款货币、原收款方式退款，退票费一般以元为单位，元以下四舍五入，具体以各航空公司的规定为准。

⑥如果受票价使用的限制或规定不得退票，并在客票中注明"不得退票"的，则不予

办理退票。

⑦所有未使用航段的机场建设费和燃油附加费全额退款。

⑧每个航空公司在退票一般规定的指导下，具体操作规定各不相同。

（二）退票地点

①旅客在出票地自愿退票，应在原购票地点办理退票。

②旅客在出票地以外要求退票，可在当地直属售票处或经承运人授权的销售代理人处办理退票。

③非自愿退票原则上在原购票售票处或原购票销售代理人处办理退票，在特殊情况下，可在航班始发地、经停地、终止旅行地的承运人直属售票处或引起非自愿退票事件发生地的承运人授权代理人处办理退票。

④通过网站购票的旅客，必须在网站上提交退票申请。

⑤退款人（承运人）有权向客票上所载明姓名的旅客本人办理退款，客票上载明的旅客不是客票的付款人，并在客票上注明退票限制条件的，承运人应按照注明的退票限制条件将票款退给付款人或其指定人。

（三）自愿退票

由于旅客本人的原因，在客票有效期内不能完成部分或全部航程而要求办理退票手续的，称为自愿退票。

1. 客票未经使用

如果客票全部未使用，应从全部原付票款中减去根据退票规定收取的退票费余额，连同所有税费一起退还给旅客。在航班规定离站时间 24 小时（含）以前，收取客票价 5%的退票费（不定期票的退票也按此标准计收退票费）；在航班规定离站时间前 24 小时以内至 2 小时（含）以前，收取客票价 10%退票费；在航班规定离站时间前 2 小时以内，收取客票价 20%的退票费；在航班规定时间离站时间以后，收取客票价 50%的误机费。对自愿变更过航班、日期的客票，应将旅客退票时间距航班规定离站时间，及各次自愿变更航班的时间距其所变更的航班规定离站时间加以比较，选择其中最短的一次作为计算旅客退票费的时间依据。

2. 客票已使用一部分

如果客票部分已使用，应从全部原付票款中减去已使用航段的票价，并扣除根据退票规定收取未使用航段的退票费后的余额及未使用航段的税费一起退还给旅客。旅客在航班的经停地自愿终止旅行，则未使用航段票款不退，但其他未使用航段的乘机联仍可使用或退票。旅客持联程、中途分程或回程票，在去程航班经停地自愿终止旅行时，客票失效部分只算到联程、分程或回程站，续程或回程部分仍属有效。旅客在联程站、分程站停止旅行，要求退续程或回程航段客票，按自愿退票的规定收取各航段的退票费。

3. 儿童、婴儿的退票

持儿童客票的旅客要求退票，按成人客票的规定办理，以票面价计收退票费。持婴儿客票的旅客要求退票，免收退票费。

4. 革命残废军人（警察）退票

革命残废军人（警察）要求退票，在航班规定离站时间以前收取票款 20% 的退票费，在航班规定离站时间以后收取票款 50% 的退票费。

（四）非自愿退票

非自愿退票指由于航空公司原因或其他非旅客自身原因，致使旅客未能按运输合同完成旅行而导致的退票。

非自愿退票主要包括以下几种情况。

①承运人取消航班。

②承运人未按班期时刻表飞行。

③航班未在旅客所持客票上列明的目的地点或分程地点降停。

④航班衔接错失。

⑤承运人不能提供旅客原订座位。

⑥旅客健康情况经医疗单位证明不适宜乘机。

⑦承运人要求旅客中途下机或拒绝旅客乘机（因旅客证件不符合规定或违反有关国家或承运人规定者除外）。

1. 非自愿退票办理操作

①客票全部未使用，退还全部票款及税费，免收退票手续费。

②客票已部分使用，应从总票款中扣除已使用航段的适用票价，将其余额与未使用航段的票价比较，取其高者连同未使用的税费一起退还给旅客，免收退票手续费。

③通过网站自行购票的旅客，在网站上提交退款申请，同时单击"非自愿退票"，并详细注明退款的原因，工作人员在查实无误后，在一定时间内将应退还票款按原支付方式退还。

④航班如在非规定的航站降落，旅客要求退票，原则上退降落站至旅客的到达站的票款，但退款金额以不超过原付票款金额为限。

2. 旅客因病退票

旅客购票后，因病不能旅行而要求退票的，必须在航班规定起飞时间前提出并提供县级以上医疗机构出具的客票列明的航班飞行期间不适宜乘机的诊断证明书原件（包括诊断书原件、病历和旅客不能乘机的证明，以及交费单原件或复印件）。如因病情突然发生，或在航班经停站临时发生病情，一时无法取得医疗单位证明，也必须经航空公司认可后才能办理。这种退票属于非自愿退票，按照非自愿退票的规定办理，不收取退票费。在航班始发站因病提出退票，退还全部票款；在航班经停站提出，退还的票款金额为旅客所付票价减去已使用航段相同折扣率的票价金额，剩余部分全部退还给旅客；但所退金额不得超过原付票款金额，患病旅客的陪伴人员要求退票，一般也按非自愿退票，具体以航空公司规定为准。

（五）退票操作流程

①在退票之前须通过查询电子客票信息指令（DETR）提取票面信息。检查所退航段是否为 OPENFORUSE 状态，其他状态不予退票，且客票上应没有"不得退票"的票价限制条件。

②核对旅客的有效身份证件，若打印过行程单应收回。

③根据退票原因确定属于自愿退票还是非自愿退票，根据退票规定计算出实退金额，填开退款单据，并请旅客签收。

④将退款单旅客联交给旅客，退还票款按原支付方式退还。

⑤已订妥座位的旅客要求退票应取消原订座记录。

⑥用退票指令进行退票操作。

二、客票变更的办理

由于旅客原因或承运人原因在客票有效期内所发生的承运人、航班、乘机日期或舱位的改变称为变更。变更也分为自愿变更和非自愿变更。

（一）客票变更的一般规定

①要求变更的客票必须在客票有效期内并且客票乘机联为 OPENFORUSE 状态。

②要求变更的客票不得违反票价限制条件。

③对特种票价的客票，如旅客要求改变航班、日期，应符合该特种票价所规定的条件。

④革命伤残军人优惠客票不得办理自愿变更。

（二）自愿变更

由于旅客原因造成的变更，称为自愿变更。

①自愿变更舱位等级：旅客购票后，如要求改变舱位等级，承运人及其销售代理人应在航班有可利用座位和时间允许的条件下予以积极办理，票款的差额多退少补。

②自愿变更航班、乘机日期：旅客购票后，如要求改变航班、乘机日期，承运人应根据实际可能积极办理。这时按退票办理，旅客应重新购票。

③自愿变更承运人：旅客自愿要求改变承运人，在符合下列全部条件时，承运人可予以签转：

- 旅客使用的票价无签转限制。
- 旅客未在航班规定离站时间前 72 小时以内改变过航班、日期。
- 旅客应在航班规定离站时间 24 小时（含）以前提出。
- 新承运人与承运人有票证结算关系且新承运人的航班有可利用座位。

（三）非自愿变更

由于航班取消、提前、延误、航程改变等原因未能向旅客提供原订座位，或未能在旅客的中途分程地点或目的地点停留，或造成旅客已订妥座位的航班衔接错失，旅客要求变更车票，均属于非自愿变更。

旅客因病要求变更日期、航班或航程，应提供医疗单位的证明，并在航班规定的离站时间前提出，按非自愿变更的有关规定办理。

①非自愿变更航班或乘机日期：由于承运人的原因造成旅客无法乘坐原定航班出行，旅客要求变更航班，承运人应积极为旅客优先安排有可利用座位的后续航班。

②非自愿变更承运人：由于承运人的原因要求旅客变更承运人，承运人应征得旅客及被签转承运人的同意后，免费为旅客办理签转手续。由于航空公司原因引起的非自愿签转，一般发生在机场，可以使用飞行中断舱单或非自愿换开客票形式进行航空公司之间的签转。

③非自愿变更舱位等级：因承运人原因引起旅客的舱位等级变更时，票款差额多退少不补，免费行李额按原订舱位等级的有关规定办理。

- 非自愿升舱：不需重新购票，票价差额不补。值机员在离港系统中使用升舱指令直接为旅客办理乘机手续，在客票上不做任何更改。
- 非自愿降舱：应重新购票，票价差额退还旅客。售票柜台票务员或者值机人员在旅客的行程单上加盖"非自愿降舱"章，并告知旅客必须保留登机牌及盖章的凭证，回出票地退差额。

三、客票签转的办理

旅客或航空公司要求改变客票的乘机联上指定的承运人所需办理的手续，称为客票签转。

（一）电子客票签转分类

自愿签转：由于旅客自身原因，经其他航空公司同意，将客票签转至其他承运人航班。

非自愿签转：由于非旅客原因，经其他承运人同意，将客票签转至其他承运人航班。可直接将客票签转，也可以使用航班中断舱单（flight interruption manifest，简称 FIM，是以 IATA 标准制订的一种三联的旅客名单表，主要用于航空运输企业因特殊原因无法按原计划航班完成与旅客的运输合同而填开的，由其他航空运输企业或其他航班完成旅客运输的凭证）进行航空公司之间的签转。

（二）电子客票签转规定

①客票签转仅限在有多边联运协议 MTTA 或双边联运协议 BITA 的承运航空公司之间进行。

②旅客要求自愿签转时，只有无任何限制条件和无折扣的全价客票，才可以自愿签转至其他承运航空公司；任何有限制条件和有折扣的客票不得自愿签转至其他承运航空公司。

③因公司承运的航班延误、取消以及公司自身原因而导致旅客无法成行的情况下，折扣客票可以签转至其他承运航空公司的航班。

④客票签转必须事先征得原承运航空公司或出票航空公司的同意。

思考与练习

1. CRS 系统和 ICS 系统有什么区别和联系？

2. 什么是旅客订座记录？一个完整的订座记录至少包含哪些内容？

3. 什么是电子客票？相对普通纸质客票，它有什么特点和优势？

4. 旅客退票有哪些类型？各有什么规定？

5. 下面给出了一张电子客票票面的部分信息。

ISSUED BY：CHINA EASTERN　　　　ORG/DST：SHA/CAN　　BSP-D

E/R：不得签转

PASSENGER：LI/LEI CHD

EXCH：　　　　　　　　　　　CONJ TKT：

O FM：1SHA MU 5317 15NOV 0700 OK C　　30K OPEN FOR USE

TO：CAN

FC：15NOV06SHA MU CAN 800.00 CNY800.00END

FARE：CNY 800.00 ｜ FOP：CASH

TAX：CNY 60.00CN

TOTAL：CNY 860.00 ｜ TKTN：999-4473808611

（1）旅客姓名_____；旅客类别_____；客票号码_____；航程_____。

（2）承运人_____；航班号_____。

（3）乘机日期_____；起飞时间_____；客票状态_____。

（4）舱位等级_____；免费行李额_____；运价_____；付款总金额_____；付款方式_____。

即 测 即 练

自
学
自
测

扫
描
此
码

第五章

机场航站楼公共服务

机场航站楼是划分地面交通和飞行区的界线。在航站楼内，乘客可办理值机、行李托运、安全检查及证照查验等手续。由于机场是各个城市国际国内重要的交流窗口，航站楼往往被视为城市形象的主要表现体，是城市的窗口和象征，也是代表某个国家或者城市的标志性建筑。本章具体介绍航站楼的设施和航站楼问询、广播等相关服务的内容。

第一节　航站楼的功能设施

一、航站楼的主要功能和设计原则

航站楼是航空旅客运输服务的主要建筑，又被称为候机楼。通常根据跑道和通往城市公路的布局而设置在航空港内比较适中的地点。其基本功能主要包括：为出发、到达和中转旅客办理各项手续，提供行李服务和查询服务，同时为旅客和迎送亲友提供候机、休息和消费等场所。

一般情况下，航站楼可以分为两大功能区。一是旅客服务区，主要包括办理机票行李手续的柜台，安检、海关、边防的通道和入口，登机前的候机厅，行李提取处，迎送乘客活动大厅，乘客信息服务设施，乘客饮食区域，公共服务区，商业服务区等。二是管理服务区，主要包括机场管理区、航空公司运营区、政府机构办公区等。

在航站楼的规划设计中，一般需要注意及考虑的原则有以下几点。

①根据机场的等级和规模，完善的体现机场的使用功能；

②根据机场所在地的区域特色，完善的体现机场所在地的历史、文化、民族、地理等特色，使之成为既是机场的标志性建筑，又能成为展现当地风貌的窗口；

③航站楼设计风格应追求美观、大方、实用，尽量不搞华而不实的东西，不盲目追求高档装修；

④航站楼的设计应遵循以人为本原则，重视候机流程设计。

经过多年的探索和建设，目前我国机场航站楼的建造水平已经有了很大提高。主要体现在：机场航站楼设计概念多样化；航站楼设计水平提高；航站楼内设施设备逐步现代化，工艺流程更趋合理；重视航站区以及航站楼内的环境设计。以北京大兴国际机场航站楼为例，航站楼的设计摒弃了传统的横向分散布局，而是把国际和国内旅客功能进行集中垂直叠加，形成了一个单一、集中、紧凑的航站楼。这种设计可以将空侧指廊布置在不同方向，最后呈现出五角星的形状。基于此集中紧凑设计，从航站楼中心到最远登机口之间的最大步行距离为600米，远低于亚洲、欧洲相似容量的航站楼。在宽敞明亮的航站楼内，旅客能够快速找到自己的登机口。同时，新的设计还可以提供更多空间进行经济运营，通过提供购物区、多式联运等多项服务提升旅客体验。图 5-1 是北京大兴国际机场航站楼的鸟瞰图片。

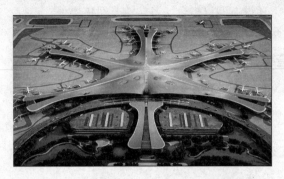

图 5-1　北京大兴国际机场航站楼鸟瞰图

二、航站楼的基本设施

航站楼的基本设施主要包括公共大厅、候机厅、行李处理设施、安全检查设施等，用以实现旅客、行李的乘机和中转功能。其基本设施主要包括以下内容。

（一）车道边

车道边是航站楼陆侧边缘外，在航站楼进出口附近所布置的一条狭长地带，如图 5-2 所示。其主要功能是车辆的上下客、短时停放、旅客排队等候及过境车辆通过等，它可以使接送旅客的车辆在航站楼门前能够驶离车道，作短暂停靠，是机场陆侧交通链条中的重要环节部分。旅客较少时，航站楼可只设一条车道边。客流量较大时，可与航站楼主体结构相结合，在不同高度的层次上分设车道边。总之，车道边的长度、层次，应根据航站楼体型、客流量及车型组合等因素来确定。

图 5-2　航站楼车道边

（二）公共大厅

旅客在进行安检之前等待的区域为航站楼公共大厅，主要用以实现办理乘机手续、交运行李、旅客及迎送者等候，以及安排各种公共服务设施等。为方便旅客办理值机手续，值机柜台一般在公共大厅最醒目的位置。旅客在这里办理登机牌，将行李进行称重、栓挂标签、办理托运手续。值机区域的面积、值机柜台的数量、布置型式，与高峰小时客流量、旅客到达航站楼的时间分布、柜台工作人员办理手续的速度及行李处理设施水平等诸多因素有关。公共大厅通常还设有问讯柜台、各航空公司售票处、银行、邮政、电信等设施，以及供旅客和迎送者购物、消闲、餐饮的服务区域。

（三）安全检查设施

为确保航空运输安全，乘机旅客登机前必须接受安全检查。安全检查一般设在值机柜台和候机大厅之间，旅客接受完安检之后即进入候机大厅等候乘机。具体控制点可根据旅客流程类型、旅客人数、安检设备和安检工作人员数量等灵活布置。常用的安检设备有安检门、X 射线安检机及手持式金属探测器等。详细内容将在第八章中具体介绍。

（四）政府联检设施

政府联检设施包括海关、边防和卫生检疫，是国际航线旅客和地区航线旅客必须经过的关卡。国内旅行的旅客只需要过安检，不需要进行联检各项流程。对于联检，各国的管制要求和办理次序不尽相同。详细内容将在第九章中具体介绍。

（五）候机大厅

旅客通过安检、联检之后进入候机大厅。候机大厅是旅客登机前进行集合、休息的场所，通常分散设在航站楼机门位附近，以方便旅客登机。考虑到飞机容量的变化，航站楼候机区可采用玻璃墙等灵活隔断。候机大厅一般设在二层，以便旅客通过登机桥登机。目前，我国各航站楼一般都设有贵宾候机室。贵宾候机室要求环境优雅、舒适，有时还设有安保装置。

（六）行李处理设施

为了保障航空运输安全，旅客和行李要分开进行运输，因此航空行李处理比其他交通方式要复杂许多。旅客办理完毕行李托运手续后，托运行李经过传输、分拣、搬运等处理进入飞机货舱。飞机到达后，再将托运行李进行装卸、分拣、传输等作业，传送至行李提取处或进行行李中转。为了保证旅客在航站楼内能准确、快速、安全的托运或提取行李，目前许多机场已通过机械化、自动化方式，采用了进、出港行李自动分拣系统进行行李处理，大大减轻了人工作业强度。行李提取处的形状，可根据该区域的形状和便于旅客拿取行李进行设置，一般有直线式、长圆盘式、跑道式和圆盘式等。旅客行李提取装置如图 5-3 所示。

（七）机械化代步设施

随着航空运输业的发展，航站楼的建设规模越来越大，各区域之间的距离越来越大。为方便人们在航站楼内的活动，特别是增加旅客在各功能区转换时的舒适感，航站楼内常常会铺设机械化代步设施和设备，比较常见的有电梯、自动扶梯、自动人行步道等。图 5-4 是自动人行步道，自动人行步道运行安全平稳，使用后可大大增加交通量并避免人流拥挤。即使因断电无法正常运行，也可以作为路面供人行走。机械化代步设施的应用和发展不仅会提高旅客在航站楼内的舒适感，还会对航站楼设计概念的发展和变化造成影响。

图 5-3 旅客行李提取装置

图 5-4 自动人行步道

（八）登机桥

登机桥是航站楼在空侧与飞机建立联系的设备，它是航站楼机门位与飞机舱门的过渡通道。登机桥一端连接候机楼的某个登机口，另一端扣在飞机舱门上，旅客由对应登机口进入飞机。采用登机桥，可使下机、登机的旅客免受天气、飞机噪声、发动机喷气吹袭等因素影响，也便于机场工作人员对出发、到达旅客客流进行组织和疏导。登机桥是以金属外壳或透明材料做的密封通道，如图 5-5 所示。登机桥本身可水平转动、前后伸缩、高低

图 5-5 登机桥

开降，因此能适应一定的机型和机位变化。当飞机停稳后，登机桥和机门相连，旅客就可以通过登机桥直接由航站楼进出飞机。

（九）商业经营设施

航站楼商业应针对目标客户群，适应市场需求，加大航站楼商业的主题感、体验感、互动感，丰富目标客户群在航站楼内的购物体验。随着航空客运量的迅猛增长，航站楼商业经营设施已成为机场当局创收的一个重要渠道。目前，在全世界商业经营卓有成效的机场，如伦敦希思罗、新加坡樟宜等机场，都有项目完备、规模庞大的航站楼商业经营设施。商业经营收入一般都占到机场总收入的60%以上。航站楼可以开展的商业经营项目繁多，如免税商场、银行、会议厅、健身厅、娱乐室、影院、书店、理发店、珠宝店、旅馆、广告、餐厅等。我国的机场近年来在拓展航站楼商业经营方面取得了长足进步，首都机场、上海浦东机场、广州白云机场等大型机场的非航收入已超过50%，接近国外先进机场水平，但多数中小型机场非航收入的占比不高。作为机场非航业务的主要来源的航站楼商业发展依然处于初级阶段，与国外相对成熟的航站楼商业环境相比存在着较大差距，具备较大的提升空间。

（十）旅客信息服务设施

旅客信息服务设施主要指旅客问讯查询系统、航班信息显示系统、标识引导系统、广播系统、时钟等。

（十一）其他设施

除上述直接与旅客发生联系的设施外，航站楼的运营还需要其他许多设施，如机场当局、航空公司、公安以及各职能、技术、业务部门的办公、工作用房和众多的设施、设备等。

三、航站楼的布局

影响航站楼布局的基本形式的主要因素如下。
①航空业务量的大小及其构成。
②机场构形及航站区与飞行区的关系。
③航站区的场地条件，几何形状、大小及地形地貌。
④近期旅客航站楼的建设规模及机场未来的发展前景。
⑤进出旅客航站的地面交通系统。

（一）航站楼的水平布局

航站楼水平布局是否合理，对航站楼的运营有至关重要的影响。航站楼水平布局主要根据旅客流量、飞机起降架次、航班类型、机场地面交通等确定。航站楼水平布局方案可归纳为以下四种基本型式。

1. 线型

又称单线式。这是一种最简单的水平布局型式。航站楼空侧边不作任何变形，仍保持直线，飞机机头向内停靠在航站楼旁，旅客通过登机桥上下飞机，如图5-6所示。这类航站楼水平布局的优点是简单、方便，飞机沿航站楼一线排开，旅客出了登机门便可直接上机，缺点是只能处理少量飞机，一旦交通流量很大，有些飞机就无法停靠到位，造成延误。

2. 指廊型

为了延展航站楼空侧的长度，指廊型布局从航站楼空侧边向外伸出一条或几条指形廊道。机门位沿廊道两侧布置，如图 5-7 所示。这种布局的优点是可以停放多架飞机，航站楼伸出走廊，飞机停放在走廊两旁，走廊上铺设活动人行道，使旅客步行距离减少。而且扩建方便，进一步扩充门位时，航站楼主体可以不动，而只需扩建作为连接体的指廊。其缺点是：当指廊较长时，部分旅客步行距离加大，旅客到最末端的登机门用的时间比起始端的要长；飞机在指廊间运动时不方便；指廊扩建后，由于航站楼主体未动，陆侧车道边等不好延伸，有时会给交通组织造成困难。通常，一个指廊适合 6～12 个机位，两条指廊适合 8～20 个机位。机位超过 30 个时，宜采用多条指廊。

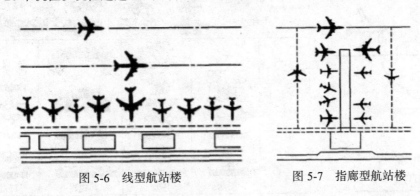

图 5-6　线型航站楼　　　　　　　图 5-7　指廊型航站楼

3. 卫星型

又称卫星厅式。这种布局是在航站楼主体以外区域的一定范围内，布置一座或多座卫星式建筑物，这些建筑物通过地下、地面或高架廊道与航站楼主体连接。机门位沿卫星建筑物周围布置，飞机环绕在它的周围停放，如图 5-8 所示。卫星型布局的优点是：可通过卫星建筑的增加来延展航站楼空侧；一个卫星建筑上的多个门位与航站楼主体的距离几乎相同，各航班旅客登机时的路程和用去的时间大体一致，便于在连接廊道中安装自动步道接送旅客，从而不会因卫星建筑距候机大厅较远而增加旅客步行距离。其缺点则是建成后不易进一步扩展。

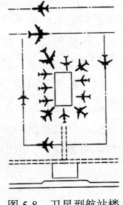

最早的卫星建筑都设计成圆形，旨在使卫星建筑周围停放较多数量的飞机。但后来发现，圆形卫星建筑具有一定的局限性。首先是不好扩建，其次是对圆形建筑旁两架相邻飞机进行地面服务时往往非常拥挤。而矩形建筑旁的飞机地面服务更好安排，更有秩序。因此，现在许多机场已采用矩形卫星建筑。

图 5-8　卫星型航站楼

4. 转运车型

又称车辆运送式。这种布局型式下，飞机不接近航站楼，而是远停在站坪上，通过转运车接送旅客，建立航站楼与飞机之间的联系，如图 5-9 所示。有的转运车是可以升降的，这样靠近飞机后乘客即可直接登机，而无须动用舷梯车。这种方案的优点是：大大减少了建筑费用，并有着不受限制的扩展余地；航站楼只要设转运车门位即可，因而可降低基建和设备（登机桥等）投资，提高航站楼利用率，增加了对不同机位、机型和航班时间的适应性，以及航站楼扩展方便。但其缺点也显而易见：会增加机坪运行的车辆和机场上的服务工作人员，会导致更多不安全因素出现。同时，利用转运车会使旅客登机时间增加，且易受气候、天气因素影响，舒适感下降，给旅客带来不便。

实际上，许多机场并非单一的采用上述基本布局或方案，而是采用多种基本型式的组合，如图 5-10 所示。显然，水平布局方案有多种选择，设计者须全面、综合地考虑各种因素，方能作出技术上合理的方案。

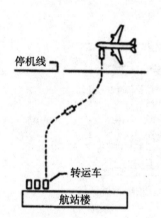

图 5-9　转运车型航站楼

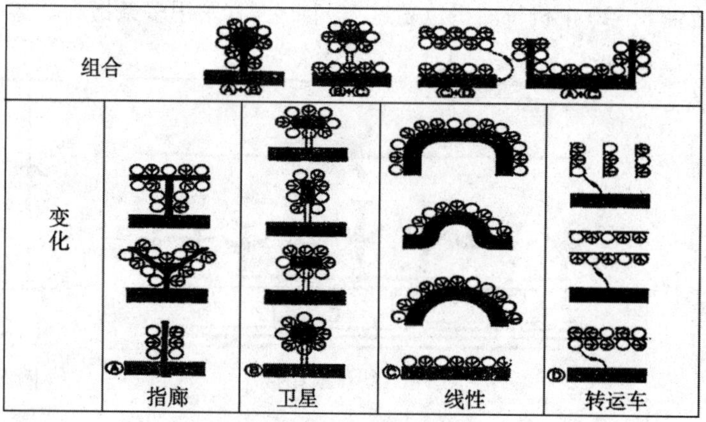

图 5-10　航站楼水平布局形式的组合

（二）航站楼的纵向布局

根据客运量、航站楼可用占地和空侧、陆侧交通组织等因素，航站楼纵向布局可采用单层、一层半、二层、三层等方案。这里的"层"指旅客办理登机手续和候机准备等主要流程所需的层数，而不是航站楼的实际建筑层数。如浦东机场，它的纵向布局为二层式，但是其实际建筑层数（加上辅助楼层）共四层。

采用单层方案时，进、出港旅客及行李流动均在同一层进行，旅客一般只能利用舷梯上下飞机，如图 5-11 所示。这种方案旅客流程相对简单、明确，基本在同一标高内完成，并且免去了变化楼层所带来的不必要麻烦。但是由于航站主楼之间相对比较分散，造成了旅客在航站楼选择及中转上的诸多不便。相较而言，单层方案比较适合于非枢纽机场。在枢纽机场中的应用，由于受到较大限制而暴露出许多弊端。

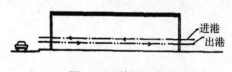

图 5-11　单层方案

采用一层半方案时，出港旅客在一层办理手续后到二层登机，登机时可利用登机桥。进港旅客在二层下机后，赴一层提取行李，然后离开，如图 5-12 所示。

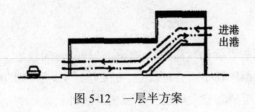

图 5-12　一层半方案

采用二层方案时，旅客、行李流程分层布置。进港旅客在二层下机，然后下一层提取行李，再转入地面交通；出港旅客在二层托运行李，办理手续后登机，如图 5-13 所示。

图 5-13　二层方案

采用三层方案时，旅客、行李流程基本与二层方案相同，只是将行李房布置在地下室或半地下室，如图 5-14 所示。

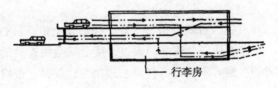

图 5-14　三层方案

（三）航站楼总体布局方案

航站楼总体布局，主要是指水平布局（线型、指廊型、卫星型、转运车型及其变形与组合）和纵向布局（层数、车道边层数）。显然，航站楼总体布局的确定涉及诸多因素，必须经过多方面的反复论证才能确定出可较好满足航站楼各方面功能要求的方案。

第二节　航站楼旅客服务流程

航站楼的旅客按照到达和离港有目的地流动，因此在设计航站楼时必须安排好旅客流通的方向和空间，以充分利用空间，使旅客顺利地到达要去的地方，避免拥挤和混乱。目前通用的安排方式是把离港（出发）和进港（到达）分别安置在上、下两层、上层为离港，下层为进港，这样互不干扰又可以互相联系。由于国内旅客和国际旅客所要办理的手续不同，通常把这两种旅客分别安排在同一航站楼的两个区域，或者分别安排在两个航站楼内。

航站楼旅客服务包括旅客离港、旅客进港和旅客中转服务。

一、旅客离港

（一）国内出发

国内旅客需要办理的手续相对简单，占用航站楼的时间较短，但流量相对较大，因此国内旅客候机区的候机面积较小而通道较宽。正常情况下，国内机场出发流程可以概括为：①换登机牌→②托运行李→③安全检查→④候机及登机。

1. 换登机牌、托运行李

旅客凭本人机票及本人有效身份证件到相应值机柜台办理乘机和行李托运手续，领取登机牌。根据值机相关规定，旅客一般可以在航班起飞前 90 分钟到开放办理值机手续的柜台办理值机手续，同时要注意值机柜台会在航班起飞前 30 分钟关闭。登机开始时间一般为航班起飞前 25～30 分钟。如旅客无托运行李，可以到专门设置的无行李托运柜台办理值机手续。也可到电子自助值机机上自助办理手续。大件行李、易碎行李还应到特殊柜台办理托运手续。

一定注意不要随便帮助别人携带行李物品，特别是对于陌生人的行李，更要特别注意。如果有人让某位旅客携带的东西违法，如毒品等，那该旅客就会成为贩毒运毒分子，后果会非常严重！

2. 安全检查

旅客需提前准备好登机牌、有效身份证件等，交给安全检查员查验。为了飞行安全，安全检查是强制性的，旅客须从安全探测门通过，接受安全检查员的人身检查，同时随身行李物品须经 X 光机检查。旅客不要怀有侥幸心理携带违禁品，否则会给自己增加不必要的麻烦。

3. 候机及登机

旅客安检之后，需根据登机牌上的登机口号码到相应候机区休息候机。通常情况下，旅客会在航班起飞前约 30 分钟开始登机，旅客应留意广播提示，不要耽误。登记前旅客需提前准备好登机牌，在登机时向工作人员出示。为确保旅客顺利登机，旅客应最晚在航班起飞前 90 分钟到达航站楼，航班起飞前 30 分钟将停止办理乘机手续（部分航空公司对该时间可能另有规定，须特别留意航班说明）。旅客的护照、签证、旅行证件以及现金、票据等贵重物品要随身携带，尽量不要放入行李。若出现丢失或遇到航班延误，会给旅客造成很大不便，而且根据行李赔偿规定，一旦行李出现问题，赔偿额会很低。

（二）国际出发

跟国内出发旅客相比，国际旅客还需要另外经历海关、边防、检验检疫等联检流程，流程相对复杂，加上国际出发旅客一般行李较多，在航站楼内停留的时间相较国内旅客要长一些。同时旅客还要在免税店购物，因而国际旅客的候机区要相应扩大候机区域的面积，而通道面积要求较小。国际出发流程一般可以概括为：①海关检查→②托运行李、换登机牌→③检验检疫→④边防检查→⑤安全检查→⑥候机及登机。

旅客到达机场离港大厅后，首先要在机场航班信息显示屏上查询所乘坐航班相应的通道和值机柜台。

1. 海关检查

海关检查是对出入境的货物、邮件、行李物品、货币、金银、证券和运输工具等进行监督检查和征收关税的一项国家行政管理活动，是为了维护国家主权和利益，保护本国经济发展，查禁走私和违章案件，防止沾染病毒菌的物品入境而采取的检查措施。

海关检查的范围主要是旅客携带的物品，对于旅客身份并不详细核查，核实身份一般由边防检查和航空公司进行。通常情况下，旅客在机场过海关，检查人员只是对所有过境人员抽查，此时需要旅客配合出示护照、机票。通过边防检查时需要护照（或其他国际旅行证件）、前往国签证、出境登记卡、登机牌。

在我国，如果旅客有物品申报，要填写《中华人民共和国海关进出境旅客行李物品申报单》（简称《申报单》），选择"申报通道"（又称"红色通道"）通关，办理海关手续。如果旅客没有物品申报，无须填写《申报单》，选择"无申报通道"（又称"绿色通道"）通关。

2. 托运行李、换登机牌

旅客凭本人机票及本人有效护照、签证到相应值机柜台办理乘机和行李托运手续，领取登机牌。由于手续相对较多，国际出发旅客飞机离站前 45 分钟停止办理乘机手续。旅客要注意护照、签证等旅行证件需随身携带。如果旅客所乘航班经停国内其他机场出境，旅客要从"指定通道"经安全检查进入候机区登机。具体情况可咨询值机柜台服务人员。

3. 检验检疫

如果旅客需要出国一年以上，建议到检验检疫部门进行体检，以获取包括艾滋病检测结果在内的有效健康证明；如果旅客是要前往某一疫区，应进行必要的免疫预防疫苗接种；携带以下物品的旅客，应主动向检验检疫官员申报：生物物种资源、活动物、动物食品、动物尸体或标本、植物及其产品、植物繁殖材料、土壤、微生物、人体组织、生物制品、血液及其制品等。

4. 边防检查

对于外国旅客，需交验本人的有效护照、签证、出境登记卡等证件或材料，并在有效入境签证上的规定期限内出境。对于中国旅客（包括港澳台地区居民），需交验本人的有效护照证件、签证、出境登记卡以及有关部门签发的出国证明。

5. 安全检查

与国内出发的安全检查流程相似。旅客要提前准备好登机牌、飞机票、有效护照证件，并交给安全检查员查验。为了飞行安全，旅客须从安全探测门通过，随身行李物品须经 X 光机检查，接受各项安全检查的流程。

6. 候机及登机

安全检查后旅客可以根据登机牌显示的登机口号码到相应候机区休息候机。相对国内

74   民航机场地面服务

出发旅客，国际出发旅客的相关候机及登机流程会更加提前一些。通常情况下，旅客会在航班起飞前约 40 分钟开始登机，注意候机楼广播提示。旅客登机时需要出示登机牌，应提前准备好。为确保航班出发前各项工作顺利完成，值机截止办理手续的时间一般为航班起飞前 30～60 分钟，具体情况按各航空公司的规定执行，旅客应留意航班说明。旅客的护照、签证、旅行证件以及现金、票据等贵重物品须随身携带。

二、旅客进港

（一）国内到达

国内到达的流程可以概括为：①航班到达→②提取行李→③离开机场。

1. 航班到达

航班到达目的地机场之后，如果航班停靠在候机楼登机桥，旅客下机后可沿进港通道前往一楼行李提取厅；如果旅客是乘坐摆渡车到达航站楼，下车后可直接进入机场行李提取厅。

2. 提取行李

大多数机场的行李提取厅都位于航站楼的一楼，其入口处设有行李转盘显示屏，旅客可根据航班号查知托运行李所在的转盘。行李提取处一般会提供免费行李手推车，如行李较多，旅客可使用免费行李手推车或选择手推车服务。为确保旅客的行李不被误领，在出口处会有机场工作人员对旅客的行李牌行李号进行检查核对，旅客应予以积极配合。旅客如对提取行李有疑问可到行李查询柜台咨询。

3. 离开机场

旅客提取行李后进入机场到达大厅，与接机人员会面，或者去大厅里的问询处、银行、商店等处理相关的业务。出了机场到达大厅后，旅客可根据个人情况选择机场巴士或出租车或其他交通方式离开机场。为了保障旅客的合法权益不受侵害，不要接受无机场正式工作证件的人员的服务或搭乘无运营资格、私自揽客的车辆，以免上当受骗或遭受经济损失。

（二）国际到达

相较国内到达，国际到达相稍为复杂些，其流程可以概括为：①航班到达→②卫生检验检疫→③边防检查→④提取行李→⑤海关检查→⑥进入到达大厅、离开机场。

1. 航班到达

飞机到达后，旅客下飞机进入航站楼，并应依次办理以下手续。

2. 卫生检验检疫

旅客需要如实填写《出入境健康检疫申明卡》。来自黄热病区的旅客，要向检验检疫机关出示有效的黄热病预防接种证书。旅客在飞机内如果得到卫生检疫机构发放的卫生健康卡，应填写必要事项并交到卫生检疫站。

3. 边防检查

外国旅客入境我国须持有效的护照证件并办妥中国入境签证；中国旅客凭有效护照证件入境。旅客入境时，须将填好的入境登记卡连同护照证件、签证一并交边防检查站查验。

4. 提取行李

与国内到达旅客的提取行李流程基本一致。

5. 海关检查

如果旅客有物品需要申报，要走红色通道，接受海关的检查，并按照规定办理海关相关手续；如果没有物品需要申报，可走绿色通道。

6. 进入到达大厅、离开机场

与国内到达旅客的相关流程基本一致。

三、旅客中转

中转指从始发地到目的地，利用运输工具（飞机、自行车、火车、汽车、轮船等）运输经过一个或多个地点到达目的地的过程。中转旅客是等候衔接航班的旅客，他们乘坐某一班飞机，在航班的经停地点或目的地点换乘该承运人或另一承运人的航班飞机继续旅行。中转旅客一般不到航站楼外活动，所以要专门安排他们的流动路线。特别是当国内转国际航班或国际转国内航班的旅客较多时，流动路线会比较复杂，如果流量较大，机场就更要适当考虑安排他们专门的流动路线。

（一）国内转国内

国内转国内的基本流程为：①国内航班到达→②办理中转手续→③国内航班登机。

1. 国内航班到达

航班到达，旅客下飞机，经登机桥或乘摆渡车进入航站楼。

2. 办理中转手续

旅客进入航站楼后，前往航站楼的国内中转柜台办理中转手续。

3. 国内航班登机

旅客办理中转手续后，可直接前往候机区，到相应登机口候机，注意留意航班显示屏及候机楼广播发布的有关航班信息。如不能正常办理中转手续，旅客要先提取行李，再依次办理托运行李/换登机牌、安全检查、候机及登机等手续。

（二）国内转国际

国内转国际的流程主要包括：①国内航班到达→②提取行李→③办理中转手续→④海关检查→⑤检验检疫→⑥边防检查→⑦安全检查→⑧国际航班登机。

1. 国内航班到达

旅客下飞机后，经登机桥或乘摆渡车进入航站楼。

2. 提取行李

大多数机场行李提取厅位于航站楼的一楼，其入口处设有行李转盘显示屏，旅客可根据航班号查知托运行李所在的转盘。旅客如对提取行李有疑问可到行李查询柜台咨询。

3. 办理中转手续

中转手续依次为出境海关检查、行李安全检查、托运行李/换登机牌。

4. 海关检查

如果旅客有物品需要申报，要走红色通道，接受海关的检查，并按照规定办理海关相关手续；如果没有物品需要申报，可走绿色通道。

5. 检验检疫

旅客应持有必要的健康证明，并进行必要的免疫预防疫苗接种。

6. 边防检查

旅客应持有有效护照证件、签证、出境登记卡及有关部门签发的出国证明。

7. 安全检查

旅客要提前准备好登机牌、飞机票、有效护照证件，自觉接受安全检查。

8. 国际航班登机

旅客到相应登机口准备候机，并留意航班显示屏及候机楼广播发布的有关航班信息。

（三）国际转国际

国际转国际的流程主要包括：①国际航班到达→②办理中转手续→③国际航班登机。

1. 国际航班到达

旅客下飞机后，经登机桥或乘摆渡车进入航站楼。

2. 办理中转手续

中转手续依次为办理乘机手续、边防检查、安全检查。

3. 国际航班登机

旅客到相应登机口准备候机，并留意航班显示屏及候机楼广播发布的有关航班信息。

（四）国际转国内

国际转国内的流程为：①国际航班到达→②检验检疫→③边防检查→④提取行李→⑤办理中转手续→⑥安全检查→⑦国内航班登机。

1. 国际航班到达

旅客下飞机后，经登机桥或乘摆渡车进入航站楼。

2. 检验检疫

旅客需要如实填写《出入境健康检疫申明卡》。来自黄热病区的旅客，要向检验检疫机关出示有效的黄热病预防接种证书。

3. 边防检查

旅客须持有有效护照证件、签证、入境登记卡，接受边防检查。

4. 提取行李

行李提取厅位于候机楼的一楼，其入口处设有行李转盘显示屏，旅客可根据航班号查知托运行李所在转盘，进行提取行李。

5. 办理中转手续

中转手续依次为入境海关检查、行李安全检查、托运行李/换登机牌。

6. 安全检查

旅客要提前准备好登机牌、飞机票、有效护照证件，自觉接受安全检查。

7. 国内航班登机

旅客到相应登机口候机，并注意留意航班显示屏及候机楼广播发布的有关航班信息。

第三节　航站楼问询服务

航站楼问询服务可向旅客提供诸如航班信息、机场交通、候机楼设施使用、遗失物品认领等问询服务。问询服务往往能直接解决旅客在旅行过程中遇到的许多麻烦，或为旅客解决问题、指明方向，因此深受旅客欢迎。因此，在机场设立专门的问询柜台，已经成为航空运输企业为旅客提供服务的不可或缺的窗口。

一、问询服务的种类

问询服务可以有以下几种分类方式。

根据服务提供方的不同，可以分为航空公司问询、机场问询和联合问询，其中联合问询是航空公司与机场共同派出问询服务人员组成联合问询柜台，向旅客提供的最为全面的问询服务。

根据服务提供方式的不同，可以分为现场问询和电话问询。现场问询是指在问询柜台当面向旅客提供问询服务；电话问询是指通过电话方式向打来电话的客人提供各类问询服务。通常电话问询还可以分为人工电话问询和自动语音应答问询。人工电话问询主要用来解决旅客提出的一些比较复杂或非常见的问题；自动语音应答则由旅客根据自动语音提示进行操作，通常能较好地解决旅客所关心的常见问题，它能大大地节省人力，提高服务效率。

根据服务柜台的设置位置不同，还可以将问询服务分为隔离区外的问询服务和隔离区内的问询服务。

二、问询岗位的工作介绍

（一）现场问询

1. 现场问询岗位介绍

现场问询一般位于航站楼值机大厅中央，主要负责为出入候机大厅的旅客提供方位引导、现场航班动态信息查询、机场相关交通信息查询和航空业务知识查询等服务等。

2. 现场问询岗位的职责

现场问询岗位的主要职责包括：①负责了解本岗位的服务项目、内容、服务标准和流程，执行各项管理制度；②负责掌握问询查询系统及相关服务设备设施的操作方法，确保设备操作的正确、规范；③负责提供航站楼内各类柜台、功能设施方位引导、航班信息查询、机场相关交通信息指南及应急服务；④负责接受岗位相关安全知识、服务业务、操作技能的学习、培训，并接受相关考核，确保自身知识水平和服务能力符合岗位要求；⑤负责现场查询系统、服务设备设施的日常检查、监测和报修工作，确保系统及设备设施运行正常；⑥负责岗位操作、服务过程中各类问题的及时上报、反馈工作；⑦负责现场各项操作、服务记录的查看、填写和交接工作；⑧负责环境清扫，确保岗位整洁、舒适；⑨服从旅客服务科的人员调配；⑩完成领导交办的其他事项。

（二）电话问询

1. 电话问询岗位介绍

电话问询一般在电话问询室里进行，可以为中外旅客提供航班出发、到达等动态信息，以及相关航空业务信息的电话查询服务。

2. 电话问询岗位的职责

电话问询岗位的主要职责包括：①负责了解本岗位的服务项目、内容、服务标准和流程，执行各项管理制度；②负责提供航班时刻信息及相关航空业务查询服务；③负责掌握问询设备操作方法，确保信息查询操作的正确、规范；④负责接受岗位相关安全知识、服务业务、操作技能的学习、培训，并接受相关考核，确保自身知识水平和服务能力符合岗位要求；⑤负责问询系统、设备设施的检查、监测和报修工作，确保问询系统及设备设施运行安全、正常；⑥负责岗位操作、服务过程中各类问题的及时上报、反馈工作；⑦负责现场各项操作、服务记录的查看、填写和交接工作；⑧负责环境清扫，确保岗位整洁、舒适；⑨服从旅客服务科的人员调配；⑩完成领导交办的其他工作。

第四节　航站楼广播服务

航站楼广播系统是机场航站楼必备的重要公共宣传媒体设备，是机场管理部门播放航班信息、特别公告、紧急通知等语言信息的重要工具。航站楼广播是旅客获取信息的主要途径之一，也是提高旅客服务质量的重要环节。

一、航站楼广播服务系统

航站楼广播服务系统由基本广播、自动广播、消防广播三部分组成。广播系统应采用当今先进的计算机矩阵切换器，对各种音源进行管理和分配，并限定它们的广播范围和广播权限，使所有的广播呼叫站都在设定的范围内工作，避免越权广播。

该系统有自动语言合成功能，可把数字信号转换成语言信号播出，合成后的语音标准、自然、流畅。我国使用的系统语种一般为中文普通话和英语。

该系统有自动广播功能，在航班信息或航班动态信息的控制下，按时间顺序和不同的广播分区进行广播，无须人工操作可自动进行。同时，航班信息的广播可与航班信息的显示同步。

该系统设有噪声控制处理器，设置地点应包括国际、国内办票大厅，迎客大厅，国际、国内候机厅，通过获取现场噪声信号可自动调节音量，增加语言的清晰度。

航站楼广播系统的功放设备应设有自检、备份功能，系统能自动检测功放故障，并自动将功放故障单元的负载切换至备用功放上，并显示报警，从而提高系统的可靠性，使广播不致中断。

广播分区划分应结合旅客进出港流程，按照建筑物的自然隔断而形成的不同功能区域来划分。

二、航站楼广播用语规范

（一）广播用语的一般规定

①广播用语必须准确、规范，采用统一的专业术语，语句通顺易懂，避免发生混淆。
②广播用语的类型应根据机场有关业务要求来划分，以播音的目的和性质来区分。
③各类广播用语应准确表达主题，规范使用格式。
④广播用语以汉语和英语为主，同一内容应使用汉语普通话和英语对应播音。

（二）广播用语的分类

广播用语包括航班信息类广播用语、例行类广播用语和临时类广播用语三种。

1. 航班信息类广播用语

航班信息类广播用语包括两种：出港类、进港类。

（1）出港类广播用语

出港类广播用语包括以下几类：办理乘机手续类、登机类、航班延误取消类。

其中办理乘机手续类广播用语又包括：开始办理乘机手续通知；推迟办理乘机手续通知；催促办理乘机手续通知；过站旅客办理乘机手续通知；候补旅客办理乘机手续通知。

登机类广播用语又包括正常登机通知、催促登机通知、过站旅客登机通知。

航班延误取消类广播用语又包括：航班延误通知；所有始发航班延误通知；航班取消通知（出港类）；不正常航班服务通知。

（2）进港类广播用语

进港类广播用语包括以下几类：正常航班预告；延误航班预告；航班取消通知（进港类）；航班到达通知；备降航班到达通知。

2. 例行类广播用语

例行类广播用语包括须知、通告等。

3. 临时类广播用语

临时类广播用语包括一般事件通知、紧急事件通知。

（三）航班信息类广播用语的格式规范

航班信息类播音是航站楼广播中最重要的部分，用语要求表达准确、逻辑严密、主题清晰，所有格式一般应按规定执行。

1. 规范的格式形式

每种格式由不变要素和可变要素构成。其中，不变要素指格式中固定用法及其相互搭配的部分，它在每种格式中由固定文字组成。可变要素指格式中动态情况确定的部分，它在每种格式中由不同符号和符号内的文字组成。

格式中的符号注释为以下内容。

①：表示在_____处填入航站名称。

②：表示在_____处填入航班号。

③：表示在_____处填入办理乘机手续柜台号、服务台号或问询台号。

④：表示在_____处填入登机口号。

⑤：表示在_____处填入二十四小时制小时时刻。

⑥：表示在_____处填入分钟时刻。

⑦：表示在_____处填入播音次数。

⑧：表示在_____处填入飞机机号。

⑨：表示在_____处填入电话号码。

⑩：表示［ ］中的内容可以选用，或跳过不用。

⑪：表示需从＜ ＞中的多个要素里选择一个，不同的要素用序号间隔。

每种具体的广播用语的形成方法要根据对应格式，选择或确定其可变要素（如航班号、登机口号、飞机机号、电话号码、时间、延误原因、航班性质等），与不变要素共同组成具体的广播用语。

2. 规范的格式内容

1）出港类广播用语

出港类广播用语包括办理乘机手续类、登机类和航班延误取消类三种。

（1）办理乘机手续类广播用语

办理乘机手续类广播用语包括开始办理乘机手续通知、推迟办理乘机手续通知、催促办理乘机手续通知、过站旅客办理乘机手续通知、候补旅客办理乘机手续通知五种。

①开始办理乘机手续通知

前往_____①的旅客请注意：

您乘坐的［补班］⑩ _____②次航班现在开始办理乘机手续，请您到 _____③号柜台办理。

谢谢！

Ladies and Gentlemen.

May I have your attention please?

We are now ready for check - in for [supplementary] ⑩ flight _____②to _____① at counter No. _____③.

Thank you.

②推迟办理乘机手续通知

乘坐［补班］⑩ _____②次航班前往 _____①的旅客请注意：

由于＜1.本站天气不够飞行标准；2.航路天气不够飞行标准；3. _____①天气不够飞行标准；4.飞机调配原因；5.飞机机械原因；6.飞机在本站出现机械故障；7.飞机在 _____①机场出现机械故障；8.航行管制原因；9. _____①机场关闭；10.通信原因＞ ⑪本次航班不能按时办理乘机手续。［预计推迟到 _____⑤点 _____⑥分办理。］⑩请您在出发厅休息，等候通知。

谢谢！

Ladies and Gentlemen,may I have your attention please:

Due to ＜1.the poor weather condition at our airport; 2. the poor weather condition over the air route; 3.the poor weather condition over the _____① airport; 4.aircraft reallocation; 5.the maintenance of the aircraft; 6.the aircraft maintenance at our airport; 7.the aircraft maintenance at the _____① airport; 8.air traffic congestion; 9.the close-down of _____① airport; 10.communication trouble＞ ⑪ the [supplementary] ⑩ flight _____② to_____① has been delayed. The check-in for this flight will be postponed ［ to _____⑤: _____⑥ ］ ⑩Please wait in the departure hall for further information.

Thank you.

③催促办理乘机手续通知

前往 _____①的旅客请注意：

您乘坐的［补班］⑩ _____②次航班将在 _____⑤点 _____⑥分截止办理乘机手续。乘坐本次航班没有办理手续的旅客，请马上到 _____③号柜台办理。

谢谢！

Ladies and Gentlemen, may I have your attention please:

Check-in for [supplementary] ⑩ flight ____② to ___① will be closed at ___⑤: ____⑥. Passengers who have not been checked in for this flight, please go to counter No. _____③ immediately.

Thank you.

④过站旅客办理乘机手续通知

乘坐［补班］⑩ _____②次航班由 _____①经本站前往 _____①的旅客请注意：

请您持原登机牌到［ _____③号］⑩ ＜ 1.柜台；2.服务台；3.问询台＞⑪换取过站登机牌。

谢谢！

Passengers taking [supplementary] ⑩ flight _____② from _____① to _____①, attention please:

Please go to the ＜ 1.counter; 2.service counter; 3. information desk＞⑪ ［ No. _____③ ］ ⑩ to exchange your boarding passes for transit passes.

Thank you.

⑤候补旅客办理乘机手续通知

持［补班］⑩ _____②次航班候补票前往 _____①的旅客请注意：

请马上到 _____③号柜台办理乘机手续。

谢谢!

Ladies and Gentlemen, may I have your attention please:

Stand-by passengers for [supplementary] ⑩ flight _____② to _____①, please go to counter No. _____③ for check-in.

Thank you.

（2）登机类广播用语

登机类广播用语包括正常登机通知、催促登机通知和过站旅客登机通知三种。

①正常登机通知

［由 _____①备降本站］⑩前往 _____①的旅客请注意:

您乘坐的［补班］⑩ _____②次航班现在开始登机。请带好您的随身物品,出示登机牌,由_____④号登机口上［_____⑧号］⑩飞机。［祝您旅途愉快。］⑩

谢谢!

Ladies and Gentlemen, may I have your attention please:

[Supplementary] ⑩ flight _____② [alternated from _____①] to _____① is now boarding. Would you please have your belongings and boarding passes ready and board the aircraft［No. _____⑧］ ⑩ through gate No. _____④. [We wish you a pleasant journey.] ⑩

Thank you.

②催促登机通知

［由 _____①备降本站］⑩前往_____①的旅客请注意:

您乘坐的[补班]⑩ _____②次航班很快就要起飞了,还没有登机的旅客请马上由 _____④号登机口上［_____⑧号］⑩飞机。［这是［补班］⑩ _____②次航班< 1.第_____⑦次; 2.最后一次>⑪登机广播。］⑩

谢谢!

Ladies and Gentlemen,may I have you attention please:

[Supplementary] ⑩ flight _____② to _____① [alternated from _____①] ⑩ will take off soon. Please be quick to board the aircraft [No. _____⑧]⑩ through gate No. _____④. [This is the < 1. _____⑦; 2.final > ⑪ call for boarding on [supplementary]⑩ flight _____②.]⑩

Thank you.

③过站旅客登机通知

前往_____①的旅客请注意:

您乘坐的［补班］⑩ _____②次航班现在开始登机,请过站旅客出示过站登机牌,由_____④号登机口先上［_____⑧号］⑩飞机。

谢谢!

Ladies and Gentlemen, may I have your attention please:

[Supplementary] ⑩ flight _____② to _____① is now ready for boarding. Transit passengers please show your passes and board [aircraft No. _____⑧]⑩ first through No. _____④.

Thank you.

（3）航班延误取消类广播用语

航班延误取消类广播用语包括航班延误通知、所有始发航班延误通知、航班取消通知（出港类）和不正常航班服务通知四种。

①航班延误通知

［由 _____①备降本站］⑩前往_____①的旅客请注意：

我们抱歉地通知，您乘坐的［补班］⑩_____②次航班由于＜1.本站天气不够飞行标准；2.航路天气不够飞行标准；3._____①天气不够飞行标准；4.飞机调配原因；5.飞机机械原因；6.飞机在本站出现机械故障；7.飞机在_____①机场出现机械故障；8.航行管制原因；9._____①机场关闭；10.通信原因＞⑪＜1.不能按时起飞；2.将继续延误；3.现在不能从本站起飞＞⑪，起飞时间＜1.待定；2.推迟到_____⑤点_____⑥分＞⑪。在此我们深表歉意，请您在候机厅休息，等候通知。［如果您有什么要求，请与［_____③号］⑩＜1.不正常航班服务台；2.服务台；3.问询台＞⑪工作人员联系。］⑩

谢谢！

Ladies and Gentlemen, may I have your attention please:

We regret to announce that [supplementary] ⑩ flight _____② [alternated from _____①] to _____① ＜1. cannot leave on schedule; 2. will be delayed to _____⑤: _____⑥; 3.will be further delayed [to _____⑤: _____⑥]⑩; 4.can not take off now ＞ ⑪ due to ＜1.the poor weather condition at our airport; 2.the poor weather condition over the air route; 3.the poor weather condition at _____① airport; 4.aircraft reallocation; 5.the maintenance of the_____① airport; 6.the aircraft maintenance at our airport; 7.the aircraft maintenance at the_____① airport; 8.air traffic congestion; 9.the close-down of _____① airport; 10.communication trouble ＞ ⑪. Would you please remain in the waiting hall and wait for further information. [If you have any problems or questions, please contact with the ＜1. irregular flight service counter; 2.service counter; 3.information desk ＞ ⑪[No. _____③]⑩]⑩.

Thank you.

②所有始发航班延误通知

各位旅客请注意：

我们抱歉地通知，由于＜1.本站天气原因；2.本站暂时关闭；3.通信原因＞ ⑪,由本站始发的所有航班都＜1.不能按时；2.将延误到_____⑤点_____⑥分以后＞⑪起飞，在此我们深表歉意，请您在候机厅内休息，等候通知。

谢谢！

Ladies and Gentlemen, may I have your attention please:

We regret to announce that all outbound flights ＜1. can not leave on schedule; 2.will be delayed to _____⑤: _____⑥＞ ⑪ due to ＜1. the poor weather condition at our airport; 2. the temporary close-down of our airport; 3.communication trouble＞ ⑪. Would you please remain in the waiting hall and wait for further information.

Thank you.

③航班取消通知（出港类）

［由 _____①备降本站］⑩前往 _____①的旅客请注意：

我们抱歉地通知，您乘坐的［补班］⑩_____②次航班由于＜1.本站天气不够飞行标准；2.航路天气不够飞行标准；3._____①天气不够飞行标准；4.飞机调配原因；5.飞机机械原因；6.飞机在本站出现机械故障；7.飞机在_____①机场出现机械故障；8.航行管制原因；9._____①机场关闭；10.通信原因＞⑪决定取消今日飞行，＜1.明日补班时间；

2.请您改乘＜1.今日；2.明日＞⑪［补班］⑩ _____②次航班，起飞时间＞⑪ ＜1.待定；2.为 _____⑤点_____⑥分＞⑪。在此我们深表歉意。［请您与［ _____③号］⑩ ＜1.不正常航班服务台；2.服务台；3.问询台＞⑪工作人员联系，［或拨打联系电话 _____⑨，］⑩我们将为您妥善安排。］⑩

谢谢！

Ladies and Gentlemen, may I have your attention please:

We regret to announce that [supplementary] ⑩ flight _____② [alternated from _____①] ⑩ to _____① has been cancelled due to ＜1.the poor weather condition at our airport; 2.the poor weather condition over the air route; 3.the poor weather condition at the _____① airport; 4.aircraft reallocation; 5.the maintenance of the aircraft; 6.the aircraft maintenance at our airport; 7.the aircraft maintenance at the _____① airport; 8.air traffic congestion; 9.the close-down of _____① airport; 10.communication trouble＞ ⑪. ＜1.This flight has been rescheduled; 2.you will take ＜1.today's; 2.tomorrow's＞ ⑪ [supplementary] ⑪ flight _____② ＞⑪[to tomorrow]⑩ [at _____⑤: _____⑥]⑩. [Would you please contact with ＜1.irregular flight service counter; 2.service counter; 3.information desk＞ ⑪ [No._____③]⑩. [or call _____⑨.] ⑩ We will make all necessary arrangements.]⑩

Thank you.

④不正常航班服务通知

［由 _____①备降本站］⑩乘坐［补班］⑩ _____②次航班前往 _____①的旅客请注意：

请您到＜1.服务台；2.餐厅＞⑪凭＜1.登机牌；2.飞机票＞⑪领取＜1.餐券 2.餐盒 3.饮料、点心＞⑪。

谢谢！

Passengers for [supplementary]⑩ flight _____② [alternated from _____①]⑩ to _____①, attention please:

Please go to ＜1. service counter; 2.restaurant＞⑪ to get ＜1. a meal coupon; 2. a meal box; 3. the refreshments＞ ⑪ and show your ＜1.boarding passes; 2.air-tickets＞ ⑪ for identification.

Thank you.

2）进港类广播用语

进港类广播用语包括正常航班预告、延误航班预告、航班取消通知（进港类）、航班到达通知和备降航班到达通知五种。

（1）正常航班预告

迎接旅客的各位请注意：

由_____① ［、_____①]⑩飞来本站的［补班］⑩_____②次航班将于_____⑤点_____⑥分到达。

谢谢！

Ladies and Gentlemen, may I have your attention please:

［Supplementary］⑩ flight _____② from _____①[、_____①]⑩ will arrive here at _____⑤: _____⑥.

Thank you.

（2）延误航班预告

迎接旅客的各位请注意：

我们抱歉地通知，由____①［、____①]⑩飞来本站的［补班］⑩____②次航班由于 <1.本站天气不够飞行标准；2.航路天气不够飞行标准；3.____①天气不够飞行标准；4.飞机调配原因；5.飞机机械原因；6.飞机在____①机场出现机械故障；7.航行管制原因；8.____①机场关闭；9.通信原因 >⑪ <1.不能按时到达；2.将继续延误 >⑪，<1.预计到达本站的时间为____⑤点____⑥分；2.到达本站的时间待定。>⑪

谢谢！

Ladies and Gentlemen, may I have your attention please:

We regret to announce that [supplementary] ⑩ flight ____②from ____①[、____①] ⑩ < 1. can not arrive on schedule; 2.will be delayed to ____⑤: ____⑥; 3.will be further delayed[to ____⑤:____⑥] ⑩ > ⑪ due to < 1. the poor weather condition at our airport; 2. the poor weather condition over the air route; 3.the poor weather condition at ____① airport; 4.aircraft reallocation; 5,the maintenance of the aircraft; 6. the aircraft maintenance at the ____① airport; 7.air traffic congestion; 8.the close-down of ____① airport; 9.communication trouble > ⑪.

Thank you.

（3）航班取消通知（进港类）

迎接旅客的各位请注意：

我们抱歉地通知，由____①［、____①]⑩飞来本站的［补班］⑩____②次航班由于 <1.本站天气不够飞行标准；2.航路天气不够飞行标准；3.____①天气不够飞行标准；4.飞机调配原因；5.飞机机械原因；6.飞机在____①机场出现机械故障；7.航行管制原因；8.____①机场关闭；9.通信原因 >⑪ 已经取消。[<1.明天预计到达本站的时间为____⑤点____⑥分；2.明天到达本站的时间待定 >⑪。]⑩

谢谢！

Ladies and Gentlemen, may I have your attention please:

We regret to announce that [supplementary] ⑩ flight ____②from ____①[、____①] ⑩ has been cancelled due to < 1. the poor weather condition at our airport; 2. the poor weather condition over the air route; 3.the poor weather condition at ____① airport; 4.aircraft reallocation; 5,the maintenance of the aircraft; 6. the aircraft maintenance at the ____① airport; 7.air traffic congestion; 8.the close-down of ____① airport; 9.communication trouble > ⑪. [This flight has been rescheduled to < 1.tomorrow at ____⑤: ____⑥; 2.arrive > ⑪.]⑩

Thank you.

（4）航班到达通知

迎接旅客的各位请注意：

由____①［、____①]⑩飞来本站的［补班］⑩____②次航班已经到达。

谢谢！

Ladies and Gentlemen, may I have your attention please:

［Supplementary］⑩ flight ＿＿＿②from ＿＿＿① ［、＿＿＿①]⑩ is now landing. Thank you.

（5）备降航班到达通知

由 ＿＿＿①备降本站前往 ＿＿＿①的旅客请注意：

欢迎您来到 ＿＿＿①机场。您乘坐的［补班］⑩ ＿＿＿②次航班由于＜1. ＿＿＿① 天气不够飞行标准；2.航路天气不够飞行标准；3.飞机机械原因；4.航行管制原因； 5. ＿＿＿①机场关闭＞⑪不能按时飞往 ＿＿＿①机场，为了您的安全，飞机备降本站。 [请您在候机厅内休息，等候通知。如果您有什么要求，请与 ［ ＿＿＿③号]⑩＜1.不正常 航班服务台；2.服务台；3.问询台＞⑪工作人员联系。]⑩

谢谢！

Passengers taking [supplementary] ⑩ flight ＿＿＿⑧from ＿＿＿① to ＿＿＿①, attention please:

Welcome to ＿＿＿① airport. Due to ＜1.the poor weather condition at ＿＿＿① airport; 2.the poor weather condition over the air route; 3.the maintenance of the aircraft; 4. air traffic congestion; 5.the close-down of ＿＿＿① airport＞⑪, your fight has been diverted in our airport for your security. [Would you please in the waiting hall and wait for further information. If you have any problems or questions, please contact with the ＜1.irregular flight service counter; 2.service counter; 3.information desk＞⑪ [No. ＿＿＿③]⑩]⑩.

Thank you.

（四）例行类、临时类广播用语的说明

①各机场根据具体情况组织例行类广播，并保持与民航总局等有关部门的规定一致。

②各机场根据实际情况安排临时类广播。当采用临时广播来完成航班信息类播音中未能包含的特殊航班信息通知时，其用语应与相近内容的格式一致。

思考与练习

1. 航站楼水平布局的种类有哪些？

2. 航站楼的规划设计要考虑哪些因素和原则？

3. 问询岗位的分类以及工作流程是怎样的？

4. 机场航站楼的广播用语如何分类？

即 测 即 练

自学自测　扫描此码

第六章

机场值机服务

航空运输流程包括航空客票销售、地面服务及空中运输三个部分。值机服务是民航旅客运输服务连接地面运输和空中运输最为关键的一个环节，因此做好值机工作对于提高服务质量、保证飞行正常及安全等都具有十分重要的意义。

第一节　值机服务基础知识

值机作为民航旅客运输中的一个环节，是指为旅客办理乘机手续，包括换登机牌、收运旅客的托运行李、安排旅客的座位等工作。在早期，值机不仅是办理乘机手续，还包括行李统计、配载、登机、放行等一系列工作。由一个人或是多个人负责这个航班的从头到尾的工作，也就是这个航班的值勤。随着航班数量和旅客人数的增加，工作的分工更加细化，现在值机部门主要负责办理乘机手续。

一、民航值机方式

随着民航业信息化建设的不断进步，各航空公司在确保飞行安全的前提下将服务重心转向旅客的出行体验。在以实现航空公司成本的降低，旅客出行的方便快捷，航空服务质量的提高为目标下，出现了多种值机方式，主要方式有以下几种。

（一）柜台值机

柜台值机是传统值机方式，即旅客在航站楼的值机柜台办理值机手续。它的最大特征是：旅客将登机牌换取和行李登记综合在机场的同一时间、同一地点由机场或航空公司相关服务人员主导完成。柜台值机办理一般需要在航班起飞前提前 30 分钟或 45 分钟办理完成。图 6-1 所示为值机柜台。

图 6-1　值机柜台

值机柜台又分普通旅客柜台（任何旅客在指定的普通柜台都可以办理）、值班主任柜台（乘坐各国际国内航班的 VIP、头等舱旅客、持有本航空公司会员卡的旅客可以在此柜台办理）、会员柜台（为各航空公司的会员提供服务）、特殊旅客服务柜台（专为晚到旅客、有特殊需要的旅客提供服务）、团体旅客柜台（专为团体旅客办理乘机手续服务）等。如图 6-2 所示。

图 6-2　各种值机柜台

（二）电子客票自助值机

电子客票自助值机是为了减少旅客在机场的排队等候时间，机场在办票大厅设立自助值机设备（图 6-3），由旅客自己操作来进行乘机手续的办理。旅客可以通过自助值机设备，自动在机器上读取身份证，自选座位，自动打印登机牌及完成行李的托运。该种方式大大节省了旅客排队等候的时间，也让旅客获得更多的因自主所带来的愉悦性和舒适性体验。

图 6-3　自助值机设备

（三）网上值机

网上值机是指旅客通过网站在线办理值机，并可预选座位。购买了电子客票的旅客，可以在航空公司官网的自助值机页面，自行操作完成身份证件验证、选择确定座位并打印 A4 纸登机牌。如果需要交运行李，则旅客登机前在专设柜台完成行李交运，以自行打印的 A4 纸登机牌通过安检并登机。航空公司对网上值机的一般规定是：旅客可于航班起飞前 2~24 小时登录航空公司网站办理乘机手续。

（四）手机值机

手机值机是指旅客使用手机上网登录航空公司离港系统的自助值机界面，自行操作完成身份证件验证、选择并确定座位。航空公司以短信形式发送二维条码电子登机牌到旅客手机上，旅客到达机场后在专设柜台完成行李交运、打印登机牌或者直接扫描二维码，完成安检登机。这种方式与网上值机类似，都是突破了时间和地域的限制，提前预订航班座位，操作极为简单、便捷，是航空公司推广的一种最新的利用旅客的智能手机办理乘机手续的模式。

（五）城市值机

城市值机也称为异地候机，是指无须在机场候机厅内办理乘机登记和行李托运手续，而是通过民航机场在市区或者没有机场的城市开设的异地候机楼的值机柜台办理乘机登机手续和行李托运的业务模式。对于没有机场的城市，城市值机可以在当地办理值机手续，异地机场乘坐飞机，这种模式拓展了民航机场的服务半径，打破了原有机场的空间局限，将值机业务前移到客源地。城市值机在方便了非空港城市旅客出行的同时，还拓展了机场的业务范围。

二、值机服务的时间要求

航空公司开始办理航班乘机手续的时间一般不迟于客票上所列明的航班离站时间前 90 分钟，截至办理乘机手续时间为航班离站时间前 30 分钟。部分机场值机关闭时间调整为航班起飞前 45 分钟，以具体航空公司的要求为准。承运人规定的停止办理乘机手续的时间，应以适当方式告知旅客。

经常外出的人都知道，坐火车可以在火车发车前几分钟通过检票口进站上车，但为什么乘飞机要在航班起飞前 30 分钟停止办理乘机手续？

首先，何谓起飞时间？根据民航有关规定，民航班期时刻表向旅客公布的起飞时间是指机场地面保障工作完毕，飞机关上客、货舱门的时间，而不是飞机离地升空的时间。离地升空时间与航班公布时间差在 15 分钟之内均为正点起飞。

其次，值机柜台停止办理乘机手续到飞机关上舱门之间，机场工作人员还有很多工作要做，具体如下所示。

①值机、配载人员要结算旅客人数、行李件数及重量、货物件数及重量、邮件等，并根据以上数据进行载重平衡的计算，画出飞机载重平衡表及飞机重心位置，做好舱单后送交航班机组签字，飞机方可放行（飞机平衡表及重心位置涉及飞行安全）。这些工作需要 15 分钟左右。

②值机、行李装载人员要将旅客托运的行李、同机运送的货物和邮件等核对清楚后装运上飞机。

③机场安检人员要对办完乘机手续的旅客进行安全检查。

④机场广播要通知旅客到指定登机口检票，并引导旅客登机。如登机旅客需要使用摆

渡车运送，则耗时会更长。

⑤机场值机、运输服务人员要清点机上旅客人数，并与地面检票的人数情况进行核对，确保没有差错。旅客上了飞机后，乘务员要再次清点人数，防止漏乘，然后进行飞机起飞前的准备工作，给旅客讲解有关注意事项和机上设备使用方法，检查行李架上的行李是否放好，旅客的安全带是否系好等工作。以上工作虽是同步进行，但全部完成需要 15 分钟左右。这样看，从停止办理乘机手续到飞机关上舱门的 30 分钟时间内，机场方面还须做大量的工作。稍有延迟，就可能造成航班延误。

为让旅客有足够的时间办理乘机手续，民航各家航班公司都有明确规定，100 座以下飞机开始办理乘机手续的时间不迟于起飞前 60 分钟，100 座以上飞机不迟于起飞前 90 分钟。在实际工作中，根据机场和航班不同，各公司和各机场办理乘机手续的具体时间可能会略有差别，要遵照具体要求执行。但为保证航班正点起飞，机场方面均会严格执行提前一定时间停止办理乘机手续的规定。因此，广大旅客要有牢固的守时意识，按时到机场办理乘机手续，到指定区域候机，不要心存侥幸和主观故意卡点到机场。

三、旅客身份证件

旅客身份证件是指旅客本人居住地所在国家有关部门颁发的，带有免冠照片、显示本人身份的证明。国内航班旅客乘机证件包括：中国大陆地区居民的居民身份证、临时居民身份证、护照、军官证、文职干部证、义务兵证、士官证、文职人员证、职工证、武警警官证、武警士兵证、海员证；香港、澳门地区居民的港澳居民来往内地通行证；台湾地区居民的台湾居民来往大陆通行证；外籍旅客的护照、外交部签发的驻华外交人员证、外国人永久居留身份证；民航局规定的其他有效乘机身份证件。对于 16 周岁以下的中国大陆地区居民的有效乘机身份证件，还包括出生医学证明、户口簿、学生证或户口所在地公安机关出具的身份证明。

证件查验的注意事项有：①破损和模糊不清并影响使用的证件均不予接受；②任何经伪造、涂改的证件均被视为无效证件；③证件必须在证件本身注明的有效期内使用，任何处在有效期之外的证件均被视为无效证件；④任何证件必须由旅客本人使用，冒用和借用他人证件均为无效使用；⑤办理值机过程中，值机人员需认真确认身份证、护照上的旅客姓名与机票上或离港系统里电子客票票面信息上的旅客姓名一致，同时确认旅客持有效的签证及相关文件，应特别注意旅客持有的签证及相关文件必须在有效期限内。

四、座位安排

安排旅客座位是办理乘机手续中的一项重要工作。安排好旅客座位，不仅能提高旅客服务质量，而且是保证航班正点和确保飞行安全的要求。旅客乘坐飞机时必须严格按照登机牌上的座位号登机、对号入座。座位的发放在满足飞行安全及配载平衡的情况下应尽可能满足旅客的座位位置要求。航班座位不满时，要兼顾机舱各区对飞机平衡的影响，尽量安排旅客平均分布。

（一）座位安排的基本要求

座位的安排有以下原则和要求。

①旅客座位的安排，应符合该型号飞机载重平衡的要求。

②购买头等舱客票的旅客应安排在头等舱内就座，座位由前往后集中安排。头等舱旅客的陪同和翻译人员，如头等舱有空余座位，可优先安排在头等舱内就座。普通舱旅客安排在普通舱就座，安排顺序应从后往前集中安排。

③团体旅客、同一家庭成员、需互相照顾的旅客如病人及其陪送人员等，应尽量安排在一起。

④不同政治态度或不同宗教信仰的旅客，尽量不要安排在一起。

⑤儿童旅客、孕妇、伤残旅客、盲人等需要特殊照顾的旅客应安排在靠近服务员、方便出入的座位，但不要安排在紧急出口处。

⑥国际航班飞机在国内航段载运国内旅客时，国内旅客座位应与国际旅客分开安排。

⑦航班经停站有重要旅客或需要照顾的旅客时，应事先通知始发站留妥合理的座位，始发站要通知乘务员注意不要让其他旅客占用。

⑧遇有重要旅客或需要照顾的旅客时，要按照旅客所定舱位的等级情况及人数，留出相应的座位。

⑨携带外交信袋的外交信使及押运员应安排在便于上下飞机的座位。

⑩混舱旅客座位发放。混舱销售的航班，经济舱旅客升舱原则是：在经济舱座位全部发满后才可升舱；全价票旅客比折扣票旅客优先免费升舱。升舱旅客座位应由后向前发，正常头等舱或公务舱旅客座位从前往后发，尽量将正常头等舱及公务舱旅客与升舱旅客分隔开。因承运人原因造成旅客非自愿降舱的情况，应尽可能安排旅客在较舒适的位置。

（二）应急出口座位

飞机上的紧急出口是飞机需紧急疏散旅客时应急所用，因此紧急出口位置是非常重要的位置，在飞行过程中如果出现危险情况，需要紧急疏散旅客时，紧急出口将成为旅客的"救命出口"。图 6-4 为应急出口座位。

图 6-4　应急出口座位

为了确保在紧急情况下快速有效地撤离，避免因各种可能的障碍影响，出于安全的考虑，民航规则要求应急出口座位下不能放置任何行李物品，同时将应急窗口前的座椅靠背设置为不可调节后靠，应急窗口后的座椅靠背不可向前折叠。

民航飞机一般都有多个应急出口，分别位于飞机的前部、中部、后部。坐在紧急出口位置的旅客，要严格执行民航规则要求中的《应急出口旅客须知》。在发生紧急情况时，应能协助机组成员完成相关工作。

应急出口座位的发放应征询旅客的同意，并请旅客阅读有关应急出口座位安排要求的公告，了解乘坐该座位的责任和义务。办理应急出口座位乘机手续时必须用明确的语言询问旅客是否愿意履行应急出口座位旅客须知卡上列明的职责。在得到旅客的承诺以前，值机人员不得将旅客安排在应急出口座位。

1. 安排在出口座位上的旅客必须具备完成下列职责的能力

①确定应急出口的位置；

②认出应急出口开启机构；

③理解操作应急出口的指示；

④能够操作应急出口；

⑤评估打开应急出口是否会增加由于暴露旅客而带来的伤害；

⑥遵循机组成员给予的口头指示或手势；

⑦移动或固定应急出口门，以防阻碍使用该出口；

⑧评估滑梯的状况，操作滑梯，协助他人从滑梯离开；

⑨迅速地经应急出口通过；

⑩评估、选择和沿着安全路线从应急出口离开。

2. 不得安排在应急出口座位的旅客

①缺乏阅读能力和缺乏理解印刷或图片形式能力的旅客；

②不能把信息口头传达给其他人的旅客；

③不能推、撞、拉、转动和操作紧急出口机构的旅客；

④视觉不佳的旅客；

⑤缺乏听觉能力的旅客；

⑥不到 15 岁的旅客；

⑦属于精神不正常、行为不能自制的旅客；

⑧在押的被管制人员；

⑨体型明显的肥胖旅客；

⑩特殊运输旅客。

3. 出口座位须知卡

航班上出口座位前的口袋里必须放置"出口座位须知卡"，它明确规定了关于出口座位旅客应该承担的相关义务。"出口座位须知卡"必须是两种以上语言文字说明，其中一种必须是国际通用的英语，一种是航班始发国官方语言文字。

第二节　旅客乘机手续办理

一、准备工作

做好值机的准备工作是办理旅客乘机手续的重要环节，有助于应对值机过程中各种复杂情况，减少运输差错和服务事故，缩短办理乘机手续的时间，提高工作质量和服务水准。

值机员在正式开始办理值机前，一般需要完成如下准备工作。

（一）个人仪容仪表准备

值机员上岗前需按规定统一着装，衣纽、裤纽扣齐，衬衫束在裤、裙内，穿长袖衬衫时扣好袖扣，不得挽裤腿，必须着黑色皮鞋，做到衣裤整洁，熨烫整齐，按规定佩戴领花和领带。男性员工着深色短袜，女性员工皮鞋不得露脚尖和脚跟，着透明或近肤色袜子，袜子不得有破损。

上岗时必须佩戴通行证、工号牌，文字面必须外露，不得遮掩。

保持仪表端庄，头发要保持自然色，男性员工不留长发、鬓角和胡须，女性员工长发必须用网罩梳发，且露出双耳，前发不遮眼，短发不得长过衣领，不得有外露项链、手链、手镯等饰物，戒指只能戴一只，耳环必须是贴耳垂式的，戒指和耳环均不得过大。

指甲要保持清洁，不得留长指甲，在岗位上不得吃任何食品（包括不得嚼口香糖）。女性员工上岗必须化淡妆，不得使用任何指甲油。

上岗期间，站坐姿端正，不得抖腿、跷脚、袖手，不勾肩搭背，不扎堆聊天，不斜靠、倚在任何固定物上，不在工作岗位上做与工作无关的事。

（二）业务用品及设备检查准备

1. 工作人员上岗前应准备的基本单据

①空白登机牌、行李牌；

②易碎物品标识；

③优先行李牌；

④旅客行李姓名牌等。

工作人员应根据各航空公司实际操作要求，做好以上相关资料的准备。

2. 设备检查

①办理航班乘机手续的值机员按柜台开放时间提前到达指定柜台，开启柜台电脑，打开并登录值机系统，查看系统状态是否正常。

②检查对讲机、打印机、行李磅秤和行李传送带、航显等设备的运行情况是否良好，发现不正常情况及时通知机场维修人员，并做好特殊情况处置预案。

（三）航班信息和运输信息收集

值机员在上岗前了解各类航班及运输信息，包括以下几方面。

①查阅当日航班预报人数，了解执行航班的机型、机号、座位布局、预定离站时间、值机柜台方位及各航线始发站、经停点和终点站的机场情况、航班动态情况。

②收集整理航班各类客运电报，如旅客名单预报（PNL)、特殊服务电报（PSM)、无成人陪伴儿童服务电报（UM）等。

③通过订座系统和离港系统，了解执行航班和中转航班各舱位等级的旅客订座情况、座位预留、中转旅客人数、重要旅客和特殊旅客服务要求及其他注意事项。

④根据了解到的航班信息和情况，填制《出口航班准备表》。

二、手续办理流程

（一）柜台引导

值机柜台开放办理乘机手续期间，由引导员在值机区域入口处回答旅客询问，为旅客提供指引以及排队疏导，指引旅客至相应柜台办理乘机手续。

（二）主动问候

在十步之内以目光迎接旅客，当旅客至值机柜台时，值机员起立迎候，并主动问候旅客，用"您好""让您久等了"等问候性的语言。

（三）查验证件

请旅客出示有效证件。双手接过旅客身份证、护照，识别旅客姓氏后，在全程服务中以姓氏或先生、女士等称呼旅客。检查身份证件有效期，核对旅客本人与证件照片是否相符；持电子客票的旅客无须查验旅客的行程单，只需查看旅客的有效身份证件，持电子客票的儿童或婴儿办理乘机手续时，必须查验该儿童或婴儿的有效身份证件及出生日期，确认证件上的旅客姓名与机票上的一致，主动与旅客核对航班号、目的地及有关转机事项；核对完毕后，将旅客证件正面朝上，面对旅客视觉方向双手递还。

（四）查验票证

值机员应认真查验旅客所持客票的有效性，包括客票的有效期、航班号、乘机日期、起飞时间、到达站、舱位等级、订座状态、签转栏和限制条件等信息。确认证件上旅客姓名和客票上姓名是否一致，客票符合按顺序使用规则。如为电子客票，须确认电子客票的状态为OPEN FOR USE。如旅客未事先订妥座位，则在旅客候补登记表上按顺序为旅客进行登记。

（五）服务信息确认

检查离港系统显示的特殊服务信息并与旅客进行确认，如餐食、轮椅等服务需求。

（六）办理交运行李

①询问旅客交运行李的件数和目的地，并提醒旅客拴挂名牌并检查行李外包装。

②询问旅客手提行李情况（包括拉杆箱）的具体情况，明确告知超规行李如发生损坏、遗失，由此造成的损失及费用，航空公司不承担责任。要求超规行李必须托运，如旅客拒绝托运，须在登机口拦截。

③如旅客交运的行李超过免费行李额，须收取逾重行李费用。

（七）拴挂行李牌

①按要求拴挂行李牌。行李牌拴挂位置适当，粘贴牢固。去除旧牌，拴挂新牌前与旅客再次确认行李交运目的地，将行李牌小联粘贴在行李上。

②主动询问旅客是否在交运行李内夹带易碎物品，如有，应粘贴易碎物品标识，同时请旅客签字确认后使用行李周转箱（如有）或由专人负责将易碎行李送至行李分拣区。

③头等舱、公务舱旅客的交运行李须拴挂头等舱、公务舱行李挂牌；重要旅客的交运行李须拴挂重要旅客行李牌及头等舱或公务舱行李挂牌。

交运行李及拴挂行李牌相关内容及规定请参见第七章行李运输服务。

（八）办理登机牌

登机牌（boarding pass/boarding card）是机场为乘坐航班的旅客提供的登机凭证，旅客必须在提供有效机票和个人证件后才能获得，也称为登机证或登机卡。登机牌和客票一起构成旅客乘坐飞机的凭证，登机牌既是旅客登机和对号入座的依据，也是地面服务人员清点登机旅客人数的依据。

除过站登机牌外，登机牌一般分为主联和副联两部分。副联供旅客登机时由值机人员在登机口撕取，作为登机站清点已登机旅客人数的凭证，主联供旅客留存。

登机牌的式样在各航空公司和机场不尽相同。但基本都包括机场、航空公司或其他民航机构的名称和徽记，以及乘机人姓名、航班号、航班起始站、座位号、舱位等级、日期与登机时间、登机口、重要提示等内容，部分登机牌还注明允许吸烟航班或禁烟航班的标志。图 6-5 给出了某登机牌的式样。

图 6-5　登机牌的式样

办理登机牌时要注意以下内容。

①主动询问旅客座位喜好，结合座位分配原则，尽可能予以满足。如无法满足，需诚恳解释，取得旅客谅解。

②尽量安排团体旅客或同行旅客集中就座。

③需向安排在紧急出口座位的旅客做必要说明，如旅客不愿履行相应职责，需为其调换座位。

（九）递交行李牌、登机牌

①手工填制的登机牌应注明航班号、日期、座位号。登机牌只有在旅客办妥登机手续、

托运完行李并付清有关费用后方可交付给旅客。对于持电子客票的旅客，应查验登机牌上的 ET 标识及票号。

②再次与旅客确认航班号、目的地、行李情况，在登机牌上圈出座位、登机口及登机时间。

③将旅客的登机牌正面朝上，面对旅客视觉方向双手递还。

④对于头等舱、公务舱的旅客还需发放贵宾室休息卡，向旅客指引贵宾室方位。

⑤向旅客致谢，用"祝您旅途愉快"等语言向旅客告别。

三、值机关闭

（一）航班初始关闭

一般在航班起飞前 30 分钟做航班初始关闭。航班即将初始关闭前，值机员应广播通知并检查柜台前是否有未办理此航班手续的旅客。如有，应及时通知航班主管，并在征得其他旅客同意后先为其办理，办理完毕后通知值机主管，正常旅客接收完毕后，接收候补旅客。在离港系统中通过 CI 指令进行操作，并通知信息调度航班初始关闭，填写本航班行李交接单。离港系统是机场为旅客办理乘机手续的一种重要计算机信息系统，详细介绍参见后面相关内容。这里 CI 指令为航班初始关闭（值机柜台关闭）。

①航班初始关闭后，值机员不应再为此航班旅客办理手续；如还有晚到旅客未办理手续，航班有空余座位时，应立即通知信息调度，在获得信息调度同意后，方能接收。

②对晚到旅客表现出关心和诚意。由负责引导的工作人员将旅客引导至登机口，如确实不能安排晚到旅客成行时，需做好解释工作及根据旅客的客票性质做后续航班的安排工作。

③值机员各自统计办理情况，包括旅客人数、行李件数、重量、特殊旅客服务，与离港系统中的数据进行核对。

（二）航班中间关闭

航班中间关闭最迟在航班起飞前 25 分钟操作。信息调度室接到航班初始关闭的信息后，在离港系统中通过使用 CCL 指令，实现航班中间关闭。

①信息调度向生产调度室及平衡科报客。报客内容包括：航班办理总人数，航班各航段、各舱位成人/儿童、婴儿人数，特殊餐食、VIP 信息。

②平衡部门统计航班办理总人数，航班各航段、各舱位成人/儿童、婴儿人数，航班各航段的行李件数及重量，各平衡区域人数。

③在航班中间关闭后，一般不再加客。值机员根据行李收运情况填写行李交接单，并通过行李转盘将其交予地面服务部、行李部。

④负责清点机票的值机员收集并检查整个航班的乘机联，交票证检查人员。

⑤送机。值机员与联检单位交接相关单据，并且值机员收集各类送机单据放入随机业务箱，到登机口与旅客服务部的工作人员交接。

（三）航班最终关闭

航班起飞后，信息调度将航班最终关闭，在离港系统中做 CC 指令，实现航班最终关闭，这一般在航班起飞后 10 分钟。离港系统自动拍发实际登机旅客名单报（TPM）、旅客中转报（PTM）、常旅客电报（FTL）等电报。值机员手工拍发旅客服务报（PSM）电报。

关闭航班后，没有特殊情况，不能随便打开航班。重新开放航班需修改航班数据，应征得相关部门同意，再次关闭后需及时通知相关部门。打开航班与关闭航班顺序相反。

四、离港系统

（一）离港系统介绍

计算机离港控制系统（departure control system，DCS），是民用航空机场值机部门为旅客办理乘机手续，对飞机载重平衡进行计算的大型计算机网络系统，是中国民航引进美国优利公司的航空公司旅客服务大型联机事务处理系统。它具有办理旅客乘机手续、航班控制、载重平衡计算、建立和修正静态数据、自动处理电报等多种功能。可与计算机订座系统连接，直接获取订座信息，为航班沿线各站最大限度合理安排商务载重，提高飞机吨位利用率提供数据。

该系统分为旅客值机（CKI）、航班数据控制（FDC）、配载平衡（LDP）三大部分。在日常的工作中主要是使用 CKI 和 LDP 两大部分。

CKI 系统是一套自动控制和记录旅客登机活动过程的系统，它记录旅客所乘坐的航班、航程、座位证实情况，记录附加旅客数据（如行李重量、中转航站等），记录为旅客办理乘机手续即接收旅客情况或将旅客列为候补情况；FDC 系统主要负责值机系统的数据管理工作，可以实现航班信息显示/修改、定期航班时刻表的建立/修改、航班记录显示/修改、飞机布局表的显示、修改、建立等功能；LDP 系统主要实现建立配载航班信息，根据飞机平衡要求确定业载分布，作出航班的舱单，发送相关的业务报文。

CKI 与 LDP 可以单独使用，也可以同时使用。它们在使用过程中由 FDC 系统进行控制。利用离港系统办理航班的工作流程，主要包括建立航班计划信息、准备办理值机航班、柜台办理值机手续、CKI 关闭航班、航班配载平衡、航班最后关闭等流程。

（二）离港系统与订座系统之间的关系

离港系统的应用与订座系统紧密相连。在办理值机前，订座系统向离港系统传送旅客名单报（PNL）和旅客增减名单报（ADL）。值机结束后，离港系统向订座系统传送最后销售报（PFS），向订座系统提供详细的最后登机人数、头等舱旅客名单、候补旅客（GO-SHOW）人数、订座未值机旅客（NO-SHOW）人数，以便于订座部门控制人员了解航班实际使用情况。离港系统与订座系统之间的关系如图 6-6 所示，其中 RES 代表订座系统，RQL 为名单申请报，初始化航班时由离港系统向订座系统发送。

图 6-6 离港系统与订座系统

（三）使用离港系统的意义

使用离港系统，可以给旅客提供快捷的服务，同时还可以提高地面服务人员的工作效率，减少不必要的人工误差。它的使用对于航空公司、机场及航空相关管理机构都有重要的意义。

1. 对于航空公司的意义

①实现计算机办理乘机手续。

②假票识别。

③代码共享。

④可以使用电子客票。

⑤开展机场旅客服务。

⑥可办理联程和异地值机。

⑦ASR（一种用于提前预订机上座位的指令）座位提前预订。

⑧管理数字化、快速化。

⑨为效益分析系统提供原始数据源。

⑩提高飞行安全性，节省航油。

2. 对于机场的意义

①提高航班正点率。

②减轻值机及配载人员的劳动强度。

③减轻统计人员的劳动强度。

④节省电报拍发费用。

⑤提高对旅客的服务水平。

⑥提高机场现代化管理水平。

⑦能够提供数据源，是机场构建信息系统的基础。

3. 对于航空相关管理机构的意义

①得到各机场生产的实时数据。

②节省大量用于统计的人力和物力。

思考与练习

1. 旅客办理值机手续的方式主要有哪些？

2. 客舱座位安排的一般原则是什么？

3. 为什么要在航班起飞前30分钟停止办理乘机手续？

4. 简述旅客乘机手续的办理流程。

即 测 即 练

自学自测

扫描此码

第七章

行李运输服务

行李运输是旅客运输工作的组成部分，它是随着旅客运输的产生而产生的，在旅客运输中占据非常重要的地位。行李运输工作的好坏会直接影响飞行安全、航班正常和服务质量。行李运输差错事故所引起的赔偿会给航空公司带来经济损失，也有损于航空公司的声誉。随着客运量逐年上升，加强行李运输管理、预防行李运输差错事故的发生，已成为提高航空客运质量的重要环节。因此，行李运输工作人员应以认真、负责的工作态度，严格遵守行李运输规章制度，掌握行李运输专业知识，熟悉行李运输的规定，安全、迅速、优质地运送行李；正确处理行李不正常运输的问题，努力提高行李运输质量。

第一节　行李运输的一般规定

一、行李的定义及分类

行李是指旅客在旅行中为了穿着、使用、舒适或方便的需要而携带的必要或适量的物品和其他个人财物。

承运人承运的行李，按照运输责任可分为托运行李和非托运行李。

（一）托运行李

托运行李是指旅客交由承运人负责照管和运输并填开行李票的行李。此类行李将被计重并贴上行李牌放置于飞机的行李舱或货舱中，旅客无法接触到。承运人在收运行李时，必须在客票的行李栏内填写行李的件数及重量，并发给旅客作为认领行李用的行李识别联。

航空公司对于托运行李的重量和体积都有自己的要求，不同国家、不同航空公司要求可能有所不同。一般来讲，每件托运行李重量不得超过 50 千克，国际航线每件托运行李重量不应超过相关国家 32 千克的特别规定。每件托运行李重量超过 32 千克、未超过 45 千克时，必须符合到达机场和续程承运人的有关规定。每件托运行李体积不应小于 5 厘米×15 厘米×20 厘米，不得超过 40 厘米×60 厘米×100 厘米。每件行李的长、宽、高三边之和超过 203 厘米时，必须符合到达机场和续程承运人的有关规定。若托运超过上述规定的行李属大件行李/重物，必须根据飞机装载条件、航班装载量，由公司地面服务保障部门现场确认是否可以运输。

（二）非托运行李

非托运行李是指除旅客的托运行李以外，经承运人同意由旅客自行携带进入客舱负责照管的行李。其中又可以分为自理行李和随身携带行李。自理行李的重量计算在免费行李额内，单件重量一般不超过 10 千克，体积一般不超过 20 厘米×40 厘米×55 厘米。随身携带行李的重量，一般每位旅客以 5 千克为限，不计入旅客的免费行李额内。持头等舱客票的旅客，每人可以携带两件物品，持有公务舱或经济舱客票的旅客，每人只能携带一件物品。

常见的行李种类还有以下两种。

（三）占座行李

旅客若携带吉他等乐器，或佛像等贵重的大件行李乘机，选择托运方式很难保证这些大件贵重行李的安全。对于这些物品，旅客可以通过支付额外机票费用（需要为占座行李买一张占座机票），将需要带进客舱的物品作为占座行李运输。每件占座行李的总重量一般规定不超过 75 千克，并且无免费行李额。每件占座行李的体积不超过 40 厘米×60 厘米×100 厘米，超出体积的精密物品建议旅客办理货运。旅客必须在定座时提出占座行李的申请，并提供行李的类型、性质、件数、重量、尺寸等信息，经承运人同意后方可承运，并为行李购买占座票。

（四）轻泡行李

轻泡行李指的是密度低于每千克 6000 立方厘米的行李，也称为低密度行李。此类行李以每 6000 立方厘米折合 1 千克计重。如旅客携带多件轻泡行李，则应算出全部行李体积，再换算成体积重量。

二、免费行李额

旅客所购买机票的价格，不仅包括运输旅客的费用，还包括运输旅客所携带的行李的费用，因此旅客乘坐飞机的同时可以免费携带一定重量和件数的行李。免费行李额是根据旅客所付票价、乘坐舱位等级和旅客乘坐的航线而享受的可免费运输的行李限额。每位旅客的免费行李额包括了托运行李和自理行李的总和。

免费行李额按旅行航线可分计重制和计件制两类。

（一）计重制

持成人或儿童票的每位旅客免费行李额为：头等舱 40 千克，公务舱 30 千克，经济舱 20 千克。在国内航空运输中，持婴儿票的旅客无免费行李额。国际航班与国内航班衔接，婴儿可享受 10 千克免费行李额和一辆可折叠婴儿手推车（根据各航空公司联程航班相关规定而定）。构成国际运输的国内航段，每位旅客的免费行李额按使用的国际航线免费行李额来计算。持免费客票旅客的免费行李额，按其身份享受所持客票的舱位而定。

（二）计件制

旅客可免费托运行李的件数按承运人规定办理。

持成人或儿童票的旅客免费行李额如下。

①头等舱及公务舱旅客每人可免费托运两件行李，每件三边之和不超过 158 厘米，每件重量不超过 32 千克；

②经济舱旅客每人可免费托运两件行李，每件三边之和不超过 158 厘米，但两件六边之和不超过 273 厘米，每件重量不超过 23 千克，或根据航班实际承运人规定执行；

③按成人票价 10%购票的婴儿旅客每件托运行李的三边之和应小于 115 厘米，重量根据承运人规定执行，另外还可免费托运全折叠的轻便婴儿车或婴儿手推车一辆。

在某些情形下，免费行李额可以合并计算。搭乘同一航班前往同一目的地的两个或两个以上同行旅客，如在同一时间、同一地点办理行李的托运手续，其免费行李额可以按照各自的客票价等级标准合并计算。免费行李额的合并计算，也称为合并行李。例如，有 6 名旅客，其中 2 人乘坐头等舱、4 人乘坐经济舱，则该 6 人的免费行李额为 $2 \times 40 + 4 \times 20 = 160$ 千克。

三、逾重行李处理

旅客托运行李和自理行李的合计重量，超过该旅客免费行李额规定的部分，称为逾重行李。旅客需要对逾重行李支付逾重行李费，工作人员填开《逾重行李票》。旅客的逾重行李在其所乘飞机载量允许的情况下，应与旅客同机运送。声明价值行李不计入免费行李额内。

（一）逾重行李费的收取

1. 逾重行李费率

每千克逾重行李所需收取的逾重行李费称为逾重行李费率，其计算方法为：逾重行李费率 = 填开逾重行李票之日所适用的成人单程直达最高普通经济舱票价 × 1.5%。

2. 逾重行李费

逾重行李费 = 逾重行李费率 × 超重重量 = 逾重行李费率 × （托运行李重量 + 自理行李重量 - 适用的免费行李额），金额以元为单位，小数点后的数字均进至个位。

例如，某航段经济舱全票价为 850 元，其逾重行李费率为：$850 \times 1.5\% = 12.75$ 元，如果经济舱旅客托运行李重量加上自理行李重量为 30 千克，那么应收逾重行李费 = （30 - 20）× 12.75 = 127.5 元，应收 128 元。

（二）逾重行李票

逾重行李票是收取逾重行李费的依据，是一种有价票证，是旅客支付逾重行李费的凭证，也是承运人之间的结算凭证，如图 7-1 所示。国内逾重行李票由财务联、出票人联、运输联和旅客联构成。财务联为财务结算用；出票人联供出票人留存备查；运输联为运输逾重行李及承运人之间结算用；旅客联为旅客提取逾重行李和报销凭证。逾重行李票在填开完毕交给旅客之前应撕下财务联和出票人联，旅客持逾重行李票办理逾重行李托运手续时，工作人员撕下逾重行李票的运输联作为运输凭证。

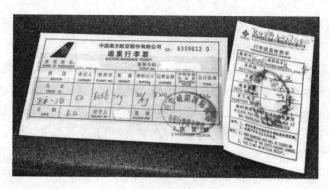

图 7-1　逾重行李票

四、声明价值行李运输

根据航空运输相关规定，旅客托运的行李在运输过程中发生损坏、丢失时，承运人按照每公斤最高赔偿限额（国内运输每千克 100 元，国际运输每千克 20 美元）进行赔偿。当旅客托运行李的每千克实际价值超过承运人的最高赔偿限额时，旅客有权要求更高的赔偿金额，但必须在托运行李时办理行李声明价值，并支付声明价值附加费。办理过声明价值的行李，如在运输途中由于承运人原因造成损失，承运人应按照旅客的声明价值赔偿。

声明价值行李的一般规定如下。

①属国内运输的托运行李每千克价值超过人民币 100 元，或属国际运输的托运行李每千克价值超过 20 美元时，旅客可办理行李声明价值，并需缴纳相应的声明价值附加费。行李声明价值附加费的计算公式为：声明价值附加费＝（行李的声明价值－每千克普通行李最高赔偿额×办理声明价值行李的重量）×0.5%。收取声明价值附加费，以元为单位，不足元者进整为元。

②每一位旅客的行李声明价值不得超过行李本身实际价值，最高限额为人民币 8000 元（国内运输）或 2500 美元（国际运输）。旅客在办理行李声明价值手续时应出示证明行李声明价值的文件和证据。如承运人对声明价值有异议而旅客又拒绝接受检查时，承运人有权拒绝收运。

③旅客办理声明价值的托运行李仅限于整包件行李。行李中的任何单个物品不得办理声明价值。

④办理声明价值仅限于托运行李，非托运行李如占座行李、自理行李、随身携带行李、小动物等不能办理声明价值。

⑤办理声明价值的行李重量不计入免费行李额，应作为逾重行李另外收费。即声明价值行李既要交纳逾重行李费，又要交纳声明价值附加费。

⑥当旅客申报价值为外币时，应按当日银行公布的买入价折算成人民币。

⑦办理声明价值的行李必须与旅客同机运出，值机人员应通知行李装卸部门将声明价值行李单独装箱；同时将声明价值行李的重量、件数、行李牌号码、装舱位置等以电报的形式通知相关航站。

例：旅客自北京至武汉旅行，携带一件 5 千克的行李，申请办理声明价值 4000 元。

已知该航班经济舱价格为970元，则该旅客需支付多少费用？

　　答：声明价值附加费 = （4000 – 100×5）× 0.5% = 17.50 元，应收 18 元。

　　　　逾重行李费 = 5×970×1.5% = 72.75 元，应收 73 元。

　　　　共计收费 28 + 73 = 91 元。

第二节　行李收运流程

一、行李的包装

　　行李的包装在保证行李运输质量和飞行安全中起到非常重要的作用，因此承运人对旅客的行李包装要求制定了具体的规定。在收运行李时，要严格检查行李包装，对不符合包装要求的行李，应要求旅客改善行李包装或拒绝收运。图 7-2 为包装好的托运行李。

图 7-2　包装好的托运行李

（一）托运行李的包装要求

　　托运行李要用行李箱或其他合适的容器包装，必须包装完善、锁扣完好、捆扎牢固，能承受一定压力，能够在正常的操作条件下安全装卸和运输，并符合下列条件。

　　①行李箱、行李袋和手提包等必须加锁。

　　②两件行李以上的包件不能捆为一件。

　　③行李上不能附插其他物品。

　　④竹篮、网兜、草绳、草袋等不能作为行李的外包装物。

　　⑤行李包装内不能用锯末、谷壳、草屑等作衬垫物。

　　⑥行李上应写明旅客的姓名、详细地址、电话号码。

（二）随身携带行李的包装要求

　　由旅客带进客舱的随身携带物品，虽然由旅客自行照管，但承运人对其包装仍有具体的要求，规定随身携带物品应符合下列条件。

　　①竹篮、草绳、网兜、草袋等不能作为随身携带物品的外包装物。

　　②外包装整洁，不容易渗溢，没有污染。

　　③运动器材、乐器等要求有外包装。

　　④外交信袋、银行特别用箱等必须加有封条。

二、行李的收运

　　收运行李工作是整个行李运输工作流程的第一道工序，是行李运输中最重要的工作环节。收运行李工作的好坏将直接影响整个行李运输工作的正常开展和行李运输质量。收运行李工作时间紧迫、工作量集中，必须认真做好行李收运前的准备工作，严格遵守行李运输规定，加强复核、交接，确保行李运输质量。

承运人应在航班离站当日办理乘机手续时收运行李，如团体旅客的行李过多，或因其他原因需要提前托运时，需按照承运人航空公司相关行李收运规定进行操作。旅客必须凭有效客票托运行李，托运行李的目的地应该与客票所列明的经停地或目的地相同。承运人需检查行李的包装、体积和重量是否符合要求。如不符合要求，应请旅客改善包装；如因时间或条件限制无法改善包装，旅客坚持要求运输，可视具体情况决定可否收运。即如果该行李会影响其他旅客或行李的运输，承运人可以拒绝运输；如果不影响其他旅客或行李运输，可以接收，但收运时应拴挂免除责任行李牌，免去相应的运输责任。超过免费行李额的行李，应收取逾重行李运费，并填开逾重行李票。

行李收运时，要注意以下事项。

①了解行李的内容是否属于行李的范围，行李内有无夹带禁运、限制携带物品或危险物品。

②了解行李是否属于声明价值行李，并告知旅客如何办理声明价值行李相关运输手续。

③托运行李必须经过安全检查后方可收运。

④乘坐国际航班的旅客，其托运行李必须事先办妥海关手续方可收运。

⑤旅客的托运行李一般应随旅客同机运出，如果逾重行李过多，受载量条件的限制无法做到同机运出，应向旅客说明，在后续航班上运出，并将行李的重量、件数、行李牌号发电报通知到达站。

三、行李挂牌

（一）行李牌

行李牌是承运人运输行李的凭证，也是旅客领取行李的凭证。行李牌从用途上可分为直达运输行李牌和联程运输行李牌两种，从式样上又分为粘贴式和拴挂式。粘贴式的行李牌是目前承运人使用最多的一种，具有防止行李牌脱落的功能。为了防止行李运输差错和方便寻找行李，一些承运人还将粘贴式行李牌的联数增至五联。第一联粘贴在托运行李把手上，便于识别；第二联粘贴在行李包装上，以防第一联丢失时仍能依据第二联核查行李；第三联粘贴在撕下的乘机联上，以备个别旅客由于某种原因没有登机，能迅速找出旅客的托运行李牌号码，通知装卸人员将其托运行李卸下；第四联粘贴在客票旅客联上，供旅客在到达站领取托运行李时用；第五联粘贴在装运该行李的集装箱上，供拉卸行李时准确、快速地找出该件行李。

某些航空公司还专门针对团队旅客设计了团队旅客行李牌，以便团队旅客认领行李，减少行李提取差错。团队旅客行李牌有统一颜色及标识。对于团体旅客，一般采取航空公司工作人员与团队领队直接沟通的方式，确认行李完好后，可以放行团队行李。

（二）行李标贴

行李标贴是行李运输的辅助识别标志，与行李牌一并使用。常见的行李标贴如下。

①"重要旅客"行李标志牌。重要旅客的托运行李，除拴挂行李牌外，还应拴挂"重要旅客"行李标志牌，以保证重要旅客的托运行李安全、迅速地运达目的地，立刻交付给

旅客。对拴挂"重要旅客"行李标志牌的行李，要求严加保管、后装先卸，与装卸部门做好签字交接。

②"优先等级"行李标志牌。为提高运输服务质量，对于乘坐头等舱、公务舱及高端会员旅客和在经停站立即转换飞机的中转旅客的托运行李，除拴挂行李牌外，还应拴挂"优先等级"行李标志牌，以便这些旅客的托运行李在目的地或中转站迅速卸下飞机。挂有"优先等级"行李标志牌的行李应后装先卸，装在货舱门口处。

③易碎物品标签。承运人为了提高行李运输质量，对旅客托运的易碎物品，除拴挂行李牌外，还应粘贴易碎物品标签，以便装卸人员识别。在装卸时轻拿轻放，确保行李运输质量。

④速运行李牌。当行李发生迟运或错运时，为了尽快将行李运往旅客的目的地，承运人运送迟运、错运行李时，应使用速运行李牌。

⑤超重行李标贴。单件超重的行李须贴超重标贴，标明行李重量太大或体积过大，装卸时需使用专门设备。

⑥免除责任行李牌。航空公司在行李运输过程中，因为行李内在因素、包装材料等问题产生的物品的损坏、逃脱、死亡、毁灭，不承担与此相关的责任。承运人为了维护自身的利益，可以就下列内容事先与旅客达成免责协议或拒绝承担运输。

图7-3　免除责任行李牌样式

在收运行李时，发现下列情况之一者应拒绝收运，如旅客仍坚持要托运，则必须拴挂免除责任行李牌，免除承运人的相应责任。免除责任行李牌样式如图7-3所示。

- 精密仪器、易碎物品或包装不符合要求。
- 柜台关闭后收运的晚（迟）到旅客的行李。
- 行李有破损。
- 行李把手或拉链损坏。
- 无锁或锁已失效。
- 行李超重或超大。
- 鲜活物品或动物。

工作人员填写免除责任行李牌时，如果行李有破损，应标出破损部位。根据具体情况在相应免责栏目内进行标注（在方框内打"×"），并要求旅客签字认可。如果在免除责任行李牌上打"×"的部分发生损失，承运人不承担责任。除此之外的其他项目发生损失或行李延误运输、丢失，承运人仍应承担相应的责任。

四、行李的保管和装卸

（一）行李的保管

①当班未能装机或到达后无人认领的行李，必须妥善保管。

②当行李搬入库房时，应在行李上拴挂多收行李牌，在上面注明航班的有关信息。

③在行李保管期间，任何人不得私自开启行李。需要时应得到值班领导同意后，会同班（组）长一起检查清点行李，并做好有关记录备查。

④与旅客同机到达目的站的行李，旅客应在当日提取，如当日未提取，从行李到达的次日起收取保管费。

⑤未与旅客同机到达的行李，自承运人发出到达通知次日起，免费保管3天，过期核收保管费。

⑥由于承运人过失造成行李延误运达，在行李到达后，应予免费保管。

⑦自行李到达的次日起，超过90天仍无人认领，承运人可按照无法交付行李的有关规定处理。

（二）行李的装卸

①根据行李包装的特点，在装卸搬运时应轻拿轻放，严禁抛掷、甩扔，不得强塞、硬挤和挫压，要堆码整齐，做到大不压小、重不压轻、硬不压软。

②大型飞机应按值机配载指定的舱位装机，装卸人员不得随意变更舱位。装机时若行李与货物同装一个货舱，应先装货物，后装行李，卸机时应先卸行李，后卸货物。

③装卸行李必须根据有关业务单据（如装机单、卸机单等）进行作业，认真检查核对，装卸作业的班长、组长在清点核对后，应在单据上签字。如实际装机数与装机单上的数量不符，应立即与有关人员联系，卸机时如数量与卸机单不符或发现玻损时，应及时做出事故签证。对经停本站的班机，要防止错卸、漏卸和漏装。

④装卸飞机要准确、迅速，不能因装卸飞机而影响飞行正常。出发班机必须在航班规定离站时间前完成装机作业，要挂好网、关好舱门。在班机的到达站，装卸人员应按时到达岗位，以保证行李能按时交付给旅客。

⑤雨天作业时，要使用有篷车辆或用苫布将行李盖好，防止行李被雨水淋湿。夜间作业要有照明设备。

⑥装卸行李的车辆要注意行驶安全，场内行驶不得开快车，装卸行李的车辆要与飞机保持一定的距离，使用长车时必须使用轮挡，以免碰撞飞机。

五、行李的退运

旅客的托运行李由承运人收运后，由于某种原因要求退运，可按照以下规定办理。

①旅客在始发站要求退运行李，必须在行李装机前提出。如旅客退票，已收运的行李也必须同时退运。

②旅客在经停地退运行李，除时间不允许外，可予以办理，但未使用航段的已收逾重行李费不退。

③办理声明价值的行李退运时，在始发地退还已交付的声明价值附加费，在经停地不退已交付的声明价值附加费。

④由于承运人原因，安排旅客改乘其他航班时，行李运输应随旅客做相应的变更。已收逾重行李费由承运人多退少补；已交付的行李声明价值附加费不退。

六、行李的交付

交付行李应准确迅速，尽量缩短旅客的等候时间。一般宽体客机到站后，第一件行李在 20 分钟内交付给旅客，全部行李在 1 小时 20 分钟内交付给旅客；大中型飞机，行李在飞机到达后 15 分钟内开始交付，全部行李在 1 小时内交付给旅客；小型飞机在 40 分钟内全部交付给旅客。旅客应在航班到达后立即在机场凭行李牌的识别联领取行李，必要时应交验客票。

在领取行李时需注意以下几点。

①承运人凭行李牌的识别联交付行李，对于领取行李的人是否确系旅客本人，以及由此造成的损失及费用，不承担责任。

②旅客行李延误到达后，承运人应立即通知旅客领取，也可直接送达旅客。

③交付行李时，应请旅客查看行李是否完好无损；如发现有缺损，应立即会同旅客检查，并填写行李运输事故记录，索赔时凭事故记录予以处理。旅客在领取行李时，如果没有提出异议，即为托运行李已经完好交付。

④旅客遗失行李牌的识别联，应立即向承运人挂失。旅客如要求领取行李，应向承运人提供足够的证明，并在领取行李时出具收据。如在声明挂失前行李已被冒领，承运人不承担责任。

第三节　特殊行李运输

旅客携带的行李物品如果超出行李的定义范围，在一般情况下，承运人可以拒绝运输。但是，一些特殊行李物品经承运人同意，并按承运人要求，采取了适当措施或受一定条件限制后，可以作为行李运输，这些行李物品称之为特殊行李。承运特殊行李必须符合国家的法律、法规和承运人的运输规定，在确保飞行安全、人身安全和地面安全的前提下方可承运。

一、不得作为行李运输的物品

不得作为行李运输的物品是指民航局规定不能在航空器载运和国家规定的禁运物品，包括以下内容：

①易燃和有毒的压缩气体、腐蚀性物体（酸类、碱类）。

②病源剂（传染性细菌、病毒和带有活病原体的物质）。

③爆炸物（弹药、烟火、爆竹和照明弹）。

④易燃的液体和固体（引火器、加热器和燃料、火柴、易引起燃烧的物质）。

⑤氧化剂（漂白粉、过氧化物）。

⑥毒品（海洛因、鸦片）。

⑦有毒物品（氰化钾、砷、有毒农药、有毒化学试剂、灭鼠剂）。

⑧放射性物质（放射性同位素、含有放射性的医疗或研究样品）。

⑨磁性物质、可聚合物质等。

上述物品在任何情况下都不得作为行李运输或夹入行李内托运，也不得作为非托运行李带进客舱。承运人在收运行李前或在运输过程中，发现行李中装有不得作为行李或夹入行李内运输的上述物品，可以拒绝收运或随时终止运输。

二、限制运输的行李物品

限制运输的行李物品指旅客携带的某些行李物品，有可能危害人员和飞行安全或超出承运人的运输规定（如超过重量限制或超过体积限制），这些限制物品如采取一些必要措施或在特定的情况下，经承运人允许，可以承运。

①锂电池。小于或等于 100 瓦时的锂电池和备用电池设备无须申报。电子设备可以放入托运行李或随手提行李携带，合理数量的备用电池只能放入手提行李携带登机；设备中的锂电池或备用锂电池的规格大于 100 瓦时，但不超过 160 瓦时时，应向航空公司申报，在登机前获得航空公司批准，该规格的备用电池仅限携带两块；禁止托运或在手提行李中携带规格超过 160 瓦时的锂电池设备或单个锂电池登机。如旅客需要运送大规格或超过自用合理数量的锂电池，应向航空公司咨询申报进行货运。

②非放射性药用或化妆用品（包括气溶胶）。每位旅客最多交运总量 2 千克（4.4 磅）或 2 升（2 夸脱）；其中每件物品不得超过 0.5 千克（1.1 磅）或 0.5 升（1 夸脱）。

注：气溶胶指供个人使用并且通过市场购买的如发胶、香水、科隆香水及含酒精药品。

③自行车一般应作为货物交运，如经过承运人同意，可作为托运行李托运时，应将车轮卸下，捆绑在车身上。

④固体二氧化碳（干冰）。每位旅客最多交运总量 2.5 千克（5 磅）。

注：包装必须带有挥发泄口。

⑤小型非易燃气体钢瓶。每位旅客仅可携带 1 个这样的自动充气安全设备登机，另可携带 2 个备用气瓶。最多可携带 4 个为其他装置配备的液体容积不超过 50 毫升的气瓶。

⑥含酒精（24%～70%）饮料。每位旅客允许的交运总量不得超过 5 升。

注：以上交运总量必须和其他含有酒精成分物品，如医用品、消毒剂等相加。

⑦小型医用水银计量表。个人使用，每位旅客可携带一支供个人使用的含水银的小型医用或临床用体温计，必须置于防护盒内，允许放入或作为托运行李。

⑧大闸蟹必须托运。

⑨重要文件、资料、外交信袋、证券、货币、汇票、贵重物品必须手提。

⑩旅客可以携带旅途所需的助听器、心脏起搏器等供人体功能使用的电子设备，也可以在空中使用。为了避免对飞机内电子领航器和通信设备发生干扰，旅客携带的手提无线电收发报机、电视机、收音机和手提电话等电力设备不得在起降过程中使用。

⑪旅客携带的利器，如菜刀、大剪刀、大型水果刀、工艺品刀、少数民族的佩刀、佩剑（不含凶器）及一些容易被误认为凶器的物品等限制物品应放入托运行李内托运。

⑫自 2007 年 5 月 1 日起，中国民航总局为确保航空安全，参照国际民航组织的标准对旅客携带液态物品乘机制定了以下更为严格的规定。

a. 乘坐中国国内航班的旅客，每人每次可随身携带总量不超过 1 升的液态物品（不含酒类），超出部分必须交运。液态物品须开瓶检查确认无疑后，方可携带。

b. 乘坐从中国境内机场始发的国际、地区航班的旅客，随身携带的液态物品每件容积不能超过 100 毫升。盛放液态物品的容器，应置于最大容积不超过 1 升的、可重新封口的透明塑料袋中。每名旅客每次仅允许携带一个透明塑料袋，超出部分应交运。盛装液态物品的透明塑料袋须单独接受安全检查。

c. 来自境外需在中国境内机场转乘国际、地区航班的旅客，携带液态物品也必须遵守上述规定。另外其携带入境的免税液态物品必须盛放在袋体完好无损、封口的透明塑料袋中，并须出示购物凭证。

d. 在中国境内乘坐民航班机，酒类物品不得随身携带，但可作为托运行李交运。酒类物品的包装应符合民航运输有关规定。

e. 有婴儿随行的旅客携带液态乳制品，糖尿病或其他疾病患者携带必需的液态药品，经安全检查确认无疑后，可适量携带。

f. 由于日本等国家、中国香港等地区已实施国际民航组织的新措施，民航局特别提醒需要在国外、境外转机的旅客，如果在候机隔离区免税店、机上免税店购买免税液态物品，应索要符合要求的塑料包装袋，旅行中不要自行拆封，并一定要保留登机牌和液态物品购买凭证，以备转机地有关人员查验，否则免税液态物品有可能在转机接受安全检查时被没收。

⑬家庭驯养的狗、猫、家禽、小鸟和属观赏之类的其他小型温驯动物，经承运人同意，可以作为托运行李。野生动物、具有形体怪异和易于伤人等特性的动物不得作为托运行李。

第四节　行李不正常运输

行李不正常运输是指行李在运输过程中，发生不正常情况，如错装、漏装、漏卸、污损、迟到和遗失等，造成承运人不能按照客票和行李要上约定的时间和地点将旅客托运的行李及时、完好地交付给旅客。若行李运输发生延误、丢失或损坏，航空公司或航空公司地面代理人应会同旅客填写"行李运输事故记录单"（property irregularity report，PIR），样表如图 7-4 所示。除多收行李外，其他不正常行李运输必须填写"行李运输事故记录单"，作为处置、处理、寻找、交付、赔偿、交还的重要依据，所以在填写"行李运输事故记录单"时，应按照各栏的填写格式要求进行填写，力求做到准确、详尽。其主要部分要使用英文，大写标准字体。中文或其他当地使用语言文字可以在填写联系地址时使用。对于发生的行李不正常运输，要尽快查明情况和原因，并将调查结果答复旅客和有关单位。如发生行李赔偿，可在始发地点、经停地点或目的地点办理。

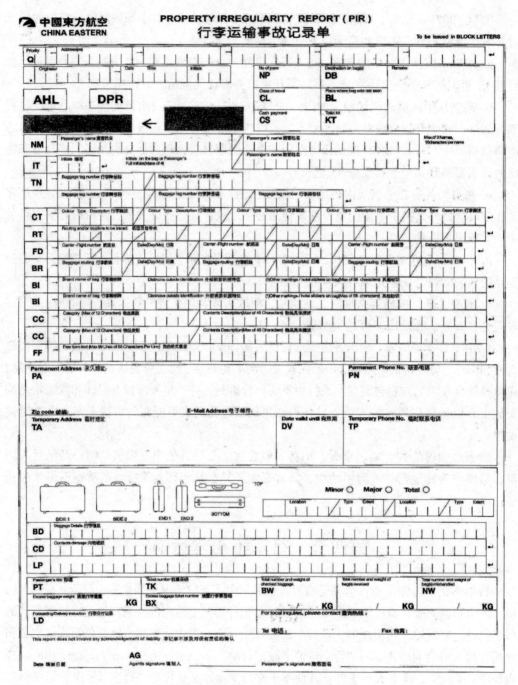

图 7-4　行李运输事故记录单样表

一、少收行李（AHL）

（一）定义

航班到达站无法将应随旅客同机运达的托运行李交付旅客，称之为少收行李。旅客在航程的目的地或中转站出示行李牌后取不到自己随机托运的行李，均属少收行李。

（二）处理程序

①首先代表本公司向旅客致以歉意。

②询问旅客的同行旅客姓名、人数和当时地点，防止丢失行李误被其同伴错领。

③请旅客出示行李牌旅客联，查验票证，确认行李少收原因（迟交运、行李错挂错拿、中转、改签等）并根据以下内容核实旅客申报。

- 托运行李记录；
- 是否支付逾重行李费；
- 行李牌号码；
- 行李牌或其他免责行李牌的目的地；
- 少收行李电报注明的行李牌号码。

④对照本站多收行李记录、外站多收行李和运送行李电报查询丢失行李，进行本站查询、相关航站电报及电话查询。在本站飞机、装卸设备、海关、货运部门及可能经过的地点查找丢失行李。

⑤查找未果后，填写"行李运输事故记录单"，并附上行李牌的旅客联和登机牌。

⑥根据"行李运输事故记录单"，向各承运航空公司的行李查询部门和本公司的行李查询中心拍发少收行李电报。

⑦进行少收行李处理登记。

⑧根据情况请旅客填写遗失物件问卷。

⑨根据规定支付临时生活用品补偿费。

⑩主动联系旅客，告知查询进展。

⑪少收行李到达后及时联系旅客并交付。

⑫少收行李如长时间仍未找到，开始进入理赔阶段。

二、多收行李（OHD）

（一）定义

多收行李指每一次航班行李交付工作完毕后，仍无人认领的进港行李或因行李脱牌、旅客晚到等原因而无法与旅客同机运出的出港行李。

（二）处理程序

①检查行李外包装，在"多收行李处理登记本"上进行登记，进行安全检查。若是国际航班行李，还须通过海关检查。

②行李称重，上铅封并入库。

③展开查询。

④拍发查询电报。

⑤根据行李内物查找信息。

⑥妥善处理鲜活易腐物品。

⑦退回外航或始发站行李。

⑧上交行李。

⑨在相应的"多收行李处理登记本"上进行销号。

（三）行李的发放与快递

行李发放时应注意查验旅客的行李牌存根、"行李运输事故记录单"副本、身份证件等有关资料，如果是由旅客代理人前来提取行李，应查验其是否有旅客本人亲笔签名的委托书、旅客本人的身份证件及代理人本人的身份证件。

行李快递指行李发生不正常运输后，航空公司迅速通过地面运送方式将行李送交至旅客指定地点的运输，在操作时应注意以下几点。

①联系旅客以确认送交行李的时间与地点。

②检查行李的外包装、核对重量。

③根据以上信息及其他资料填写不正常行李地面运送交接单并与快递公司进行交接。

三、旅客遗留物品

（一）定义

旅客遗留物品包括旅客遗留在飞机上或到达大厅内的非托运行李。

（二）处理程序

收到旅客遗留物品后，工作人员应及时将有关信息登记在限制品、遗留物品登记表上，并尽力查找、联系旅客以取回物品。对于长期无人认领的物品，应上交处理。对于旅客遗留物品，视情况通过安检部门进行检查，以确保安全。

四、速运行李（FWD）

（一）定义

速运行李指行李发生不正常运输后，航空公司迅速安排航班将其运送到行李目的地的运输。

（二）处理程序

①安排最合适航班。

②检查包装、核对重量、办理海关手续等。

③填写、拴挂速运行李牌等运输手续。

④进行行李转运记录登记。

⑤拍发业务电报，特殊情况电话等其他方式联络外站。

⑥行李转运信息记录在相应的国内少收行李处理登记本及多收行李处理登记本上，做销号处理。

⑦本航站少收案件行李转运后的结案工作。

五、破损行李和内物丢失行李（DPR）

（一）定义

行李破损指旅客的托运行李在运输过程中，行李的外部受到损伤或行李的外部形状改变，因而使行李的外包装或内装物品的价值受到损失。

行李内物短少指旅客的托运行李由于破损或其他原因而造成行李内部分物品的遗失。

（二）处理程序

①进行本站查询。

②查验有关票证。

③查看行李的破损/内物短少情况。

④填写行李运输事故记录单。

⑤了解旅客索赔要求，根据情况请旅客填写旅客行李索赔单或遗失物件问卷。

⑥直接赔偿或查询后办理赔偿。

⑦拍发破损行李和内物丢失行李电报。

⑧关闭案件。

六、不正常行李查询的电报业务

电报地址分别为：

①国际行李查询部门（电报地址代号：LL），负责处理符合国际运输条件的不正常行李运输；

②国内行李查询部门（电报地址代号：LN），负责处理符合国内运输条件的不正常行李运输；

③行李查询中心（如PVGLZMU），协助各站行李查询和行李赔偿。

第五节　行　李　赔　偿

一、行李赔偿责任的划分

（一）承运人的责任

由于下列情况造成行李的损失，承运人应负赔偿责任。

①旅客交运的行李在运输过程中发生丢失、破损、短少或延误等差错事故，承运人应负赔偿责任。

②如丢失行李只是全部交运行李的一部分，不管其价值如何，只能按该部分丢失的重量在全部行李重量中的比例承担赔偿责任。

（二）承运人免除或减轻赔偿责任情况

①因自然灾害或其他无法控制的原因所造成的损失。

②因承运人遵守而旅客没有遵守有关法律、法规、规章等所造成的损失。

③由于行李及其内装物品的固有缺陷、质量或瑕疵造成的损失。

④经证明承运人为了避免损失的发生，已经采取了一切合理措施或当时情况下不可能采取有关防护措施。

⑤旅客在托运行李内夹带"不应放入托运行李内运输的物品"的损失，承运人对此类物品的遗失、损坏承担一般托运行李的赔偿责任；此类物品包括：

- 重要文件、旅行证件和资料、有价票证、证券、货币、可转让票据；
- 珠宝、贵重金属及其制品、古玩字画等贵重物品；
- 易碎物品、易腐物品、样品；
- 绝版印刷品或手稿；
- 电子及数码产品；
- 需定时服用的处方药。

⑥因旅客行李内装物品造成该旅客行李的损失。

⑦行李交付时，旅客未对行李的完好提出异议，也不能提供由于承运人原因造成损失的证明。

⑧拴挂"免除责任行李牌"并经旅客签字的托运行李，其行李牌上的已免除项目。

⑨超过法定时限规定的索赔期限。

⑩由于运输过程中有关国家拒绝入境、过境，小动物未能按时运到，或正常运输条件下小动物受伤、患病、逃逸和死亡。

⑪体育用品、乐器、精密仪器和电器等办理托运行李未申报，或未拴挂"免除责任行李牌"，可按托运行李赔偿限额赔偿。

（三）旅客的责任

因旅客行李内装物品造成旅客本人伤害或其行李损失的，承运人不承担责任。因旅客行李内装物品对他人造成伤害或者对他人物品或承运人财产造成损失的，该旅客应当赔偿承运人的损失和由此支付的费用。

二、办理行李赔偿责任的程序和要求

（一）程序

①确认无法找到行李（或无查询结果），寄致歉信件通知旅客行李查询结果，要求旅客填写内物调查表、行李索赔单，准备好机票、身份证明的复印件、行李运输事故记录或破损行李记录的原件，提出赔偿要求，声明价值行李和逾重行李还应出具逾重行李费用收据。

②旅客回复后，复印所有文件及来往查询电报。

③重新复核旅客姓名，免费托运行李额，合并托运行李人数，托运行李总件数、总重量，收到行李件数及重量，逾重行李费或行李声明价值等信息。

④计算出应该赔偿金额，向航空公司行李查询中心通报行李赔偿意见和赔偿金额。

⑤填制行李赔偿费收据，通知旅客取款日期，安排取款事宜。

⑥扣除已支付旅客的临时生活费，向旅客支付赔偿金额，请旅客在行李赔偿费收据上签字，将旅客所持的行李运输事故记录等凭证收回。

⑦办理行李损坏赔偿时，应尽可能在旅客提出索赔的当时赔款解决，一般采用先修复后赔偿原则处理，赔偿金额以航空公司的损坏赔偿标准为准。

⑧已赔偿的旅客的丢失行李找到后，承运人应迅速通知旅客领取，旅客应将自己的行李领回，退回全部赔款，临时生活用品补偿费不退。

（二）要求

1. 受理行李赔偿的地点

①对旅客提出的赔偿要求一般应由目的站或事故发生的航站受理。如事故的发生不在始发站，旅客在始发站提出时，也可以受理，但应当与原处理站（即填写行李运输事故记录的航站）取得联系，并得到该站正式委托函后方可办理。

②在接受旅客索赔要求时，应要求旅客提供在提取行李时，对其行李完好提出异议时所作的事故记录。否则不予办理。

2. 旅客提出赔偿的时限

①对于行李损坏，应当在交付行李时立即向承运人提出索赔要求，最迟不得超过从收到行李之日起 7 天以内提出。

②对于行李的遗失，最迟不得超过从行李应当交付给旅客之日起 21 天以内提出。

③对于行李的延误，最迟不得超过从行李应当交付给旅客之日起 21 天以内提出。

④关于赔偿责任的诉讼时效期限为两年，应从飞机到达目的地点之日起，或从飞机应当到达之日起，或从运输停止之日起计算，否则就丧失任何损失的诉讼权。

3. 行李赔偿限额的计算

①符合国内运输条件的行李，每千克行李最高赔偿 100 元，即

赔偿金额 =（行李票注明的托运行李重量 – 实际收到行李重量）× 100 元

②若行李票未注明托运行李重量，则根据旅客乘坐舱位等级和身份，参照托运行李起始航班所享受的最大免费行李额确定行李托运总量。

③以上所有计算的赔偿数额，比较旅客按申报丢失内容实际价格索赔价额，取低者。

④行李赔偿时，旅客已支付的逾重行李费退还旅客。如旅客办理了声明价值，赔偿金额以声明价值为限，逾重行李费退还旅客，但所付的声明价值附加费不退。

⑤旅客的自理行李、随身携带物品等非托运行李丢失或破损，承运人一般不承担责任，除非能证明是由于承运人原因造成其损失，承运人承担的最高赔偿金额为每位旅客不超过人民币 3000 元。

⑥构成国际运输的国内航段，行李赔偿按适用的国际运输行李赔偿规定办理。

思考与练习

1. 常见行李的种类有哪些？

2. 简述免费行李额的相关规定。

3. 托运行李的包装要求有哪些？

4. 简述不正常行李的类别和处理。

5. 旅客自上海至广州旅行（SHA—CAN Y 舱客票票价为 700 元），申报一件行李价值为 2400 元人民币，声明价值行李重量为 20 千克，计算该旅客共计需要缴纳的费用。

提示：该费用包括逾重行李费及声明价值附加费两部分。

即 测 即 练

自学自测   扫描此码

第八章

安 检 服 务

民航安全技术检查是民航空防安全保卫工作的重要组成部分，它是伴随着世界上极端分子及恐怖主义者越来越多使用劫机、炸机，在机场内安置爆破物品等各种安全事故不断发生而出现并不断加强的一种防范措施。中国民航自 1981 年 4 月 1 日起对国际航班实施安全检查，同年 11 月 1 日对国内航班实施安全检查。从事民航安全检查工作的人员按照国家职业标准进行选拔录用。

第一节 机场安检机构和人员

一、安检服务的定义

安检是安全技术检查的简称，指在民航机场实施的为防止劫（炸）机和其他危害航空安全事件的发生，保障旅客、机组人员和飞机安全而采取的一种强制性的技术性检查。

安检服务的根本目的是防止机场和飞机遭到袭击；防止运输危险品事故的发生；确保旅客的人身和财产安全。因此，安检服务十分必要，旅客应积极配合安检服务人员的工作。

二、安检工作的应知规定

民航机场安检工作的应知规定主要是指与民航安检相关的法律、法规和制度。我国的民航机场安检法律、法规和制度主要由国际与国内的法律、法规和制度两部分构成：国际公约有《国际民用航空公约》附件 17、《东京公约》《海牙公约》《蒙特利尔公约》等；我国的法律、法规和制度包括《中华人民共和国民用航空法》《中华人民共和国民用航空安全保卫条例》《中国民用航空安全检查规则》（CCAR—339SB）《中国民用航空危险品运输管理规定》（CCAR—276）等。

（一）有关航空安全保卫的国际公约

1.《国际民用航空公约》附件 17

《国际民用航空公约》附件 17 即"防止对国际民航进行非法干扰行为的安全保卫"，于 1974 年 3 月通过并生效。附件 17 进行了 12 次修订更新，所有的更改都并入了 2010 年 11 月通过的最近一次修订。

《国际民用航空公约》附件 17 规定：在防止对国际民用航空非法干扰行为的一切有关

事务中，旅客、机组、地面人员和一般公众的安全是每个缔约国的首要目的。

2.《东京公约》

《东京公约》即《关于在航空器上犯罪和某些其他行为的公约》。进入 20 世纪 60 年代后，劫机次数逐渐增加，飞机上的其他犯罪案件也不断出现。鉴于这种情况，国际民航组织于 1963 年 9 月在东京召开国际航空法会议，有 60 个国家参加签订了《东京公约》，该公约规定航空器登记国有权对在机上的犯罪和犯罪行为行使管辖权，其主要目的是确立机长对航空器内犯罪的管辖权。它是国际上第一个反劫机公约。

3.《海牙公约》

《海牙公约》即《关于制止非法劫持航空器的公约》，该公约于 1971 年 10 月 4 日生效。

《东京公约》的制定并未让劫机事件减少，反而接连发生。由于劫机事件日益增多，引起国际社会的高度重视和普遍关切。在此情况下，国际民航组织于 1970 年 12 月在荷兰海牙召开国际航空法外交会议，讨论有关劫持飞机问题，有 76 个国家参加，签订了《海牙公约》。该公约规定了各缔约国对犯罪行为实施管辖权，及拘留、起诉或引渡罪犯的详细规定。

《海牙公约》确定了对劫机犯罪的行为，其对劫机犯罪行为的界定为：用武力、武力威胁、精神胁迫方式，非法劫持或控制航空器（包括未遂）即构成刑事犯罪。

4.《蒙特利尔公约》及补充协定书

《蒙特利尔公约》即《关于制止危害民用航空安全的非法行为的公约》。该公约于 1971 年制订，并于 1973 年 1 月 26 日生效。

《东京公约》和《海牙公约》签订后，国际上劫机案件仍然层出不穷，而且破坏民航飞机和民航设施的情况继续不断发生。出现了爆炸飞机、破坏民航设施和用电话恐吓方式传递情报，危及民航飞机的正常飞行。因此，1971 年 9 月国际民航组织在加拿大蒙特利尔召开了国际航空法外交会议，签订了《蒙特利尔公约》。该公约主要涉及非法劫持航空器以外的行为。

1988 年 2 月，针对 1971 年制定的《蒙特利尔公约》进行了相关的补充和修改，形成了《蒙特利尔公约》补充协定书，明确规定了危害国际民用机场安全罪的犯罪行为。

（二）有关航空安全保卫的我国法律、法规和制度

1.《中华人民共和国民用航空法》

《中华人民共和国民用航空法》于 1995 年 10 月 30 日第八届全国人民代表大会常务委员会第六次会议通过，1996 年 3 月 1 日生效。当前版本于 2021 年 4 月 29 日第十三届全国人民代表大会常务委员会第二十八次会议修改。《中华人民共和国民用航空法》共有十六章节，一百八十一条款。《民航法》关于安全技术检查的规定主要有关于公共航空运输企业的规定（第一百条、第一百零一条、第一百零二条、第一百零三条），以及对隐匿携带枪支、弹药、管制刀具乘坐航空器的处罚规定（第一百九十三条）。

2.《中华人民共和国民用航空安全保卫条例》

《中华人民共和国民用航空安全保卫条例》于 1996 年 7 月 6 日由国务院发布，共有六章，四十条款。其立法目的是防止对民用航空活动的非法干扰，维护民用航空秩序，保障民用航空安全。当前版本根据 2011 年 1 月 8 日《国务院关于废止和修改部分行政法规的决定》进行了修订。全文共分六章、四十条。

3.《中国民用航空安全检查规则》

《中国民用航空安全检查规则》为中国民用航空规章第 339SB 部，即 CCAR-339SB，是民用航空安全工作的规范性文件。于 1999 年 5 月 14 日发布，1999 年 6 月 1 日生效。它是为保障民用航空运输安全正常进行，规范民用航空安全检查工作，根据《中华人民共和国民用航空法》《中华人民共和国民用航空安全保卫条例》等有关法律、法规而制定的。《中国民用航空安全检查规则》共分六章、六十五条，内容涉及安检部门及人员、安检工作勤务、教育培训、奖励与处罚等。

4.《中国民用航空危险品运输管理规定》

《中国民用航空危险品运输管理规定》（CCAR-276）由中国民用航空总局于 2004 年 7 月 12 日发布，2004 年 9 月 1 日实施，2021 年进行了修订。该规定将《国际民用航空公约》附件 18 和《危险品航空安全运输技术细则》的要求写在规章中，对在中华人民共和国境内运行的载运危险品的国内和国外航空器进行管理。

《中国民用航空危险品运输管理规定》的基本原则有以下内容。

①航空公司承运危险品必须取得民航总局颁发的危险品运输许可。

②无论是否运输商业危险品，航空公司都应编写《危险品手册》和《危险品训练大纲》，建立危险品操作程序（包括隐含危险品的识别程序），对员工进行培训。

③托运人有对货物进行正确申报和包装的责任。

④运营人有对货物检查的责任。

三、安检工作机构

设立安检机构应当经中国民航局审核同意，并颁发"民用航空安全检查许可证"；民航地区管理局在民航局授权范围内行使审核权。未取得"民用航空安全检查许可证"，任何部门或者个人不得从事安检工作。"民用航空安全检查许可证"有效期为五年，到期由颁证机关重新审核换发。安检机构必须具备以下条件。

①有经过培训并持有《安检人员岗位证书》的人员，且其配备符合《民用航空安检人员定员定额》标准。

②有从事安检工作所必需的、经中国民航局认可的仪器和设备。

③有符合《民用航空运输机场安全保卫设施建设标准》的工作场地。

④有根据该规则和《民用航空安全检查工作手册》制定的安检工作制度。

中国民航局公安局、民航地区管理局公安局，或经委托的其他民航公安机关，应当会同有关部门定期对安全检查仪器的射线泄漏剂量进行检测，检测次数每年不少于一次。

四、安检人员

（一）安检工作人员的条件

从事安检工作的人员应当符合下列条件。

①遵纪守法，作风正派，品质良好。

②未受过少年管教、劳动教养或刑事处分。

③具有高中以上文化程度，志愿从事安检工作。

④年龄不得超过 25 周岁。

⑤身体健康，五官端正，男性身高在 1.65 米以上，女性身高在 1.60 米以上；无残疾，无重听，无口吃，无色盲、色弱，矫正视力在 1.0 以上。

最新《中国民用航空安全检查规则》规定：民航安全检查员必须符合《民航安全检查员：国家职业标准》的规定、符合《民用航空背景调查规定》的要求、符合《国家民用航空安全：检查培训管理规定》的要求、符合民航局的其他要求。无故意犯罪记录，未受过收容教养、强制戒毒、劳动教养，近三年未因违反《治安管理处罚法》受过行政拘留，未参加过国家禁止的组织及其活动，近三年的现实表现良好，配偶、父母（或直接抚养人）未因危害国家安全罪受过刑事处罚，无可能危害民用航空安全的其他情形。

（二）岗位证书制度

民航安检人员实行国家职业资格准入制度。没有取得民航安全检查员国家职业资格等级证书的，不可从事民航安检工作。对不适合继续从事安检工作的人员，应当及时调离或辞退。

安检人员执勤时应当着制式服装，佩戴专门标志，服装样式和标志由民航总局统一规定。

安检人员执勤时应当遵守安检职业道德规范和各项工作制度，不得从事与安检工作无关的活动。

（三）劳动保护

在高寒、高温、高噪声条件下从事工作的安检人员，享受相应的补助、津贴和劳动保护。在 X 射线区域工作的安检人员应当得到下列健康保护。

①每年到指定医院进行体检并建立健康状况档案。

②每年享有不少于两周的疗养休假。

③按民航局规定发给工种补助费。

④女工怀孕和哺乳期间应当合理安排工作，避免在 X 射线区域工作。

⑤X 射线安全检查仪操作检查员连续操机工作时间不得超过 30 分钟，再次操作 X 射线安检仪间隔时间不得少于 30 分钟。

第二节　机场安检工作的任务和流程

安检工作的主要任务包括：对乘坐民用航空器的旅客及其行李、进入候机隔离区的其他人员及其物品，以及空运货物、邮件的安全检查；对候机隔离区内的人员、物品进行安全监控；对执行飞行任务的民用航空器实施监护。

一、旅客、行李、货物及邮件的检查

（一）证件检查

对国内航班旅客应当核查其有效乘机身份证件、客票和登机牌。有效乘机身份证件的种类包括中国籍旅客的居民身份证、临时身份证、军官证、武警警官证、士兵证、军队学员证、军队文职干部证、军队离退休干部证、军队职工证，港、澳地区居民和台湾同胞的旅行证件，外国旅客的护照、旅行证、外交官证等，以及民航总局规定的其他有效乘机身份证件。十周岁以下未成年人可凭其身份证、户口本或者户口所在地公安机关出具的身份证明放行。对核查无误的旅客，应在其登机牌上加盖验讫章。

对进入隔离区的工作人员应核查其有效证件。包括全民航统一的证件和民航各机场制作的证件。全民航统一的证件主要有空勤登机证、公务乘机通行证、航空安全员执照、特别工作证等证件。民航各机场制作的证件主要有民航工作人员通行证、联检单位人员通行证、外部人员通行证、专机工作证、包机工作证等证件。其他证件有押运证、军事运输通行证、侦察证等。

对进入隔离区的车辆应当核查车辆通行证。包括机场控制区工作专用车辆通行证和其他进入机场控制区的车辆通行证。

（二）人身检查

对旅客实施安检时，引导员应当引导旅客逐个通过安全门，提示旅客取出身上的金属物品。通过安全门后再使用手持金属探测器或手工人身检查的方法进行复查。手工人身检查一般应由同性别安检人员实施。对女性旅客实施检查时，必须由女安检人员进行。常用的人身检查设备如图8-1所示。

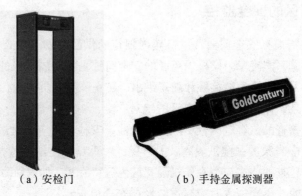

（a）安检门　　　　　　　（b）手持金属探测器

图 8-1　常用人身检查设备

通过安全门时报警的旅客，应当重复过门检查或使用手持金属探测器或手工人身检查的方法进行复查，排除疑点后方可放行。

对经过手工人身检查仍有疑点的旅客，经安检部门值班领导批准后，可以将其带到安检室从严检查，检查应当由同性别的两名以上安检人员实施。

（三）物品检查

旅客的托运行李和非托运行李都必须经过安全检查仪器检查，目前广泛应用于机场行李安检的检查仪器为 X 光安检机，如图 8-2 所示。发现可疑物品时应当开箱（包）检查，必要时也可以随时抽查。开箱（包）检查时，可疑物品的托运人或者携带者应当在场。

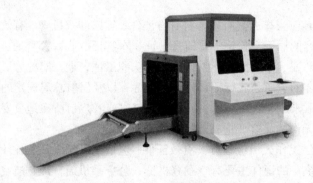

图 8-2　X 光安检机

旅客申明所携物品不宜接受公开检查的，安检部门可根据实际情况，在适当场合检查。

空运的货物应当经过安全检查或存放 24 小时，或采取民航总局认可的其他安全措施。对空运的急救物品、鲜活货物、航空快件等有时限的货物，应当及时进行安全检查。

对特殊部门交运的保密货物、不宜检查的精密仪器和其他物品，按规定凭免检证明予以免检。

航空邮件应当经过安全检查。发现可疑邮件时，安检部门应当会同邮政部门开箱（包）查验处理。

按照国家有关规定应当予以免检的，按照有关规定办理。

二、候机隔离区的安全监控

候机隔离区指根据安全需要在候机楼内划定的供已经安全检查的出港旅客等待登机的区域及登机通道、摆渡车。候机隔离区的安全监控是指对隔离区的管理、清理和检查，禁止未经检查的人与已检人员接触和随意进出，防止外界人员向内传递物品，防止藏匿不法分子和危险物品，保证旅客和隔离区的绝对安全。

①经过安全检查的旅客进入候机隔离区以前，安检部门应当对候机隔离区进行清场。

②安检部门应当派员在候机隔离区内巡视，对重点部位加强监控。

③经过安全检查的旅客应当在候机隔离区内等待登机。如遇航班延误或其他特殊原因离开候机隔离区的，再次进入时应当重新经过安全检查。

④因工作需要进入候机隔离区的人员，必须佩带机场公安机关制发的候机隔离区通行证件。上述人员及其携带的物品，应当经过安全检查。安检部门应当在候机隔离区工作人员通道口派专人看守，检查进出人员。

⑤候机隔离区内的商店不得出售可能危害航空安全的商品。商店运进商品应当经过安全检查，同时接受安全部门的安全监督。

三、民用航空器的安全监护

执行航班飞行任务的民用航空器在客机坪短暂停留期间，由机场安检部门负责监护。

（一）民用航空器的监护任务

①担负对民用航空器监护区的清查监护，对出、过港民用航空器，经过安全技术检查的旅客及其手提行李实施监护。

②严禁无证无关人员及车辆进入监护区域或无证、无关人员混入旅客行列登上航空器。

③防止武器、凶器、弹药、易燃、易爆、毒害品、放射性物品以及其他危害航空器、旅客安全的违禁物品带入监护区或带上航空器。

④注意发现可疑人员，防止劫、炸机分子强行登机，进行破坏活动。

（二）飞机监护时间的规定

对出港民用航空器的监护，应从机务人员将民用航空器移交给监护人员时开始，至旅客登机后民用航空器滑行时止；对过站民用航空器的监护从其到达机坪时开始，到滑离（或拖离）机坪时止；对执行国际、地区及特殊管理的国内航线飞行任务的进港民用航空器的监护，从其到达机坪时开始，至旅客下机完毕机务人员开始工作为止。

民用航空器监护人员应当根据航班动态，按时进入监护岗位，做好对民用航空器监护的准备工作。

民用航空器监护人员应当坚守岗位，严格检查登机工作人员的通行证件，密切注视周围动态，防止无关人员和车辆进入监护区。在旅客登机时，协助维持秩序，防止未经过安全检查的人员或物品进入航空器。

空勤人员登机时，民用航空器监护人员应当查验其"中国民航空勤登机证"。加入机组执行任务的非空勤人员，应当持有"中国民航公务乘机通行证"和本人工作证（或学员证）。对上述人员携带的物品，应当查验是否经过安全检查；未经过安全检查的，不得带上民用航空器。

在出、过站民用航空器关闭舱门准备滑行时，监护人员应当退至安全线以外，记载飞机号和起飞时间后，方可撤离现场。

民用航空器监护人员接受和移交航空器监护任务时，应当与机务人员办理交接手续，填写记录，双方签字。

民用航空器客、货舱装载前的清舱工作由航空器经营人负责。必要时，经民航公安机关或安检部门批准，公安民警、安检人员可以进行清舱。

四、安检各岗位的工作职责

（一）基础岗位

包括待检区维序检查岗位、前传检查员岗位。其职责为以下内容。

①维持待检区秩序并通知旅客准备好身份证件、客票和登机牌。

②开展调查研究工作。

③在安全技术检查仪传送带上正确摆放受检行李物品。

（二）验证检查员

①负责对乘机旅客的有效身份证件、客票、登机牌进行核查，识别涂改、伪造、冒名顶替及其他无效证件。

②开展调查研究工作。

③协助执法部门查控在控人。

（三）人身检查

人身检查岗位包括引导和安全门检查两个具体岗位。其职责为以下内容。

①引导旅客有秩序地通过安全门。

②检查旅客自行放入盘中的物品。

③对旅客人身进行仪器或手工检查。

④准确识别并根据有关规定正确处理违禁物品。

（四）X射线检查仪操作员

①按操作规程正确使用X射线检查仪。

②观察辨别监视器上受检行李（货物、邮件）图像中的物品形状、种类，发现、辨认违禁物品或可疑图像。

③将需要开箱（包）检查的行李（货物、邮件）及重点检查部位准确无误地通知开箱（包）检查员。

（五）开箱（包）检查员

①对旅客行李（货物、邮件）实施开箱（包）手工检查。

②准确辨认和按照有关规定正确处理违禁物品。

③开具暂存或移交物品单据。

（六）仪器维修

①负责各种安全技术检查仪器的安装、调试工作。

②负责安全技术检查仪器的定期维护保养。

③负责安全技术检查仪器故障的修理，保证安检仪器正常运行。

（七）现场值班领导

①负责向当班安检人员传达上级有关指示和通知。

②提出本班要求和注意事项。

③组织协调安检现场勤务。

④督促检查各岗位责任制的落实情况。

⑤按规定处理安检现场发生的问题。

五、安检工作特殊情况的处置

①拒绝接受安全检查的人员，不准登机或进入候机隔离区，损失自行承担。

②对持居民身份证复印件、伪造或变造证件、冒用他人证件者不予放行登机。

③对有下列情形之一者，应带至安检值班室进行教育，情节严重的，交由民航公安机关处理。

- 逃避安全检查的。
- 妨碍安检人员执行公务的。
- 携带危险品、违禁品又无任何证明的。
- 扰乱安检现场工作秩序的。

④有下列威胁航空安全行为之一的，交由民航公安机关查处。

- 携带枪支、弹药、管制刀具及其仿制品进入安检现场的。
- 强行进入候机隔离区不听劝阻的。
- 伪造、冒用、涂改身份证件乘机的。
- 隐匿携带危险品、违禁品企图通过安全检查的。
- 在托运货物时伪报品名、弄虚作假或夹带危险物品的。
- 其他威胁航空安全的行为。

⑤对违反《中华人民共和国民用航空安全保卫条例》第三十二条规定，携带《禁止旅客随身携带或者托运的物品》所列物品的，安检部门应当及时交由民航公安机关处理。

⑥对违反《中华人民共和国民用航空安全保卫条例》第三十三条规定，携带《禁止旅客随身携带但可作为行李托运的物品》所列物品的，应当告诉旅客可作为行李托运或交给送行人员；如来不及办理托运，安检部门按规定办理手续后移交机组带到目的地后交还。

不能按上述办法办理的，由安检部门代为保管。安检部门应当登记入册，妥善保管；对超过三十天无人领取的，及时交由民航公安机关处理。

⑦对含有易燃物质的生活用品实行限量携带。对超量部分可退给旅客自行处理或暂存安检部门。

安检部门对旅客暂存的物品，应当为物主开具收据，并进行登记。旅客凭收据在 30 天内领回；逾期未领的，视为无人认领物品，交由民航公安机关处理。

思考与练习

1. 安检的主要国际法律法规有哪些？
2. 简述安检工作人员应当符合的条件。
3. 安检工作的主要任务有哪些？
4. 简述机场安检各岗位及其主要职责。

即 测 即 练

自学自测　扫描此码

第九章

联 检 服 务

　　出入境是指一国公民经本国政府主管机关批准和前往国家或地区以及途经国家或地区的许可，持规定有效的证件，通过对外开放或指定的口岸从本国出境进入其他国家或地区，或者从其他国家或地区返回本国境内。与在国内旅行的旅客相比，出入境旅客办票之后，还需要通过出入境联检区域，要经过相应检查手续后才能允许通行。联检是指由口岸单位对出入境行为实施的联合检查，包括边防检查、海关检查、检验检疫三个部分。安全检查是由机场实施的安全管理，联检则是由国家政府部门派出机构行使国家主权，对出入境旅客和货品实施的行政管理。本章主要介绍联检服务的相关知识。

第一节　海　关

一、海关简介

　　中华人民共和国海关是国家的进出关境监督管理机关，是依据我国法律、行政法规行使进出口监督管理职权的国家行政机关。海关依照《中华人民共和国海关法》和其他有关法律、行政法规，监管进出境的运输工具、货物、行李物品、邮递物品和其他物品，征收关税和其他税、费，查缉走私，并编制海关统计和办理其他海关业务。

　　《中华人民共和国海关法》历经多次修改。依据《中华人民共和国海关法》等有关法律法规，中国海关可以行使下列权力。①检查进出境运输工具，查验进出境货物、物品；对违反本法或者其他有关法律、行政法规的，可以扣留。②查阅进出境人员的证件；查问违反本法或者其他有关法律、行政法规的嫌疑人，调查其违法行为。③查阅、复制与进出境运输工具、货物、物品有关的合同、发票、账册、单据、记录、文件、业务函电、录音录像制品和其他资料；对其中与违反本法或者其他有关法律、行政法规的进出境运输工具、货物、物品有牵连的，可以扣留。④在海关监管区和海关附近沿海沿边规定地区，检查有走私嫌疑的运输工具和有藏匿走私货物、物品嫌疑的场所，检查走私嫌疑人的身体；对有走私嫌疑的运输工具、货物、物品和走私犯罪嫌疑人，经直属海关关长或者其授权的隶属海关关长批准，可以扣留；对走私犯罪嫌疑人，扣留时间不超过 24 小时，在特殊情况下可以延长至 48 小时。⑤在调查走私案件时，经直属海关关长或者其授权的隶属海关关长批准，可以查询案件涉嫌单位和涉嫌人员在金融机构、邮政企业的存款、汇款。⑥进出境运输工具或者个人违抗海关监管逃逸的，海关可以连续追至海关监管区和海关附近沿海沿边规定地区以外，将其带回处理。⑦海关为履行职责，可以配备武器。海关工作人员佩带和使用武器的规则，由海关总署会同国务院公安部门制定，报国务院批准。⑧法律、行政法规规定由海关行使的其他权力。因此，海关主要履行通关监管、税收征管、加工贸易和保税监管、海关统计、海关稽查、打击走私、口岸管理 7 项职责。中华人民共和国海关总署是中华人民共和国国务院下属的正部级直属机构，统一管理全国海关。

二、出入境旅客通关

出入境旅客通关，是指出入境旅客向海关申报，海关依法查验行李物品并办理出入境物品征税或免税验放手续，或其他有关监管手续的总称。进出境旅客通关的基本程序为：申报、查验、征税、放行。

①申报。申报是指为履行《中华人民共和国海关法》及相关法规规定的义务，出入境旅客对其携运进出境的行李物品实际情况依法向海关所作的书面申明。申报是旅客通关的第一个程序，是进出境物品所有人或其代理人在通关时向海关申明规定事项的一种法律行为。申报与否是海关判别是否走私、违规的重要依据之一。它包含三重含义：第一，申报是进出境旅客应尽的义务；第二，旅客申报的内容为携运进出境的行李物品；第三，书面申报是唯一有效的申报方式，进出境旅客对其携运的物品以其他任何方式或在其他任何时间、地点所作出的申明，海关均不视为申报。

②查验。查验是指海关检查旅客携带进出境的物品，核对进出境旅客申报是否属实，有无违禁物品，确定物品征税、免税、扣留、退运或放行。

③征税。征税是指海关按规定对国家规定应予征税或超出免税限量的自用合理数量范围内的物品征收行邮税。

④放行。放行是指海关办结申报、查验、征免税等手续后，准予进出境旅客将物品提离海关监管现场。

1995 年 12 月 25 日，中华人民共和国海关颁布了《中华人民共和国海关关于出境旅客通关的规定》，自 1996 年 1 月 1 日起实施。为进一步简化和规范出入境旅客申报手续，方便旅客出入境，海关总署经研究决定，自 2008 年 2 月 1 日起，在全国各对外开放口岸实行新的出入境旅客申报制度根据相关规定。旅客通关应遵循以下基本原则。

①出入境旅客行李物品必须通过设有海关的地点进境或出境，接受海关监管。办理申报手续时，应首先在申报台前向海关递交《中华人民共和国海关出入境旅客行李物品申报单》或海关规定的其他申报单证，如实申报所携运出入境的行李物品。

②申报手续应由旅客本人填写申报单证向海关办理，如委托他人办理，应由本人在申报单证上签字。接受委托办理申报手续的代理人应当遵守本规定对其委托人的各项规定，并承担相应法律责任。

③在海关监管场所，海关在通道内设置专用申报台供旅客办理有关出入境物品的申报手续。经中华人民共和国海关总署批准实施双通道制的海关监管场所，海关设置"申报"通道（又称"红色通道"）和"无申报通道"（又称"绿色通道"），供出入境旅客依据相关规定进行选择。出入境旅客没有携带应向海关申报物品的，无须填写《中华人民共和国海关出入境旅客行李物品申报单》，选择"无申报通道"通关；除海关免于监管的人员以及随同成人旅行的 16 周岁以下旅客以外，出入境旅客携带有应向海关申报物品的，须填写《中

华人民共和国海关出入境旅客行李物品申报单》，向海关书面申报，并选择"申报通道"通关。

④持有中华人民共和国政府主管部门给予外交、礼遇签证的出入境非居民旅客和海关给予免验礼遇的其他旅客，通关时应主动向海关出示本人护照（或其他有效出入境证件）和身份证件。

三、出入境物品的管理

（一）入境旅客

入境旅客携带有下列物品的，应在《中华人民共和国海关出入境旅客行李物品申报单》相应栏目内如实填报，并将有关物品交海关验核，办理有关手续。

①动、植物及其产品，微生物、生物制品、人体组织、血液制品。

②居民旅客在境外获取的总值超过人民币 5000 元（含 5000 元，下同）的自用物品。

③非居民旅客拟留在中国境内的总值超过 2000 元的物品。

④酒精饮料超过 1500 毫升（酒精含量 12 度以上），或香烟超过 400 支，或雪茄超过 100 支，或烟丝超过 500 克。

⑤人民币现钞超过 20000 元，或外币现钞折合超过 5000 美元。

⑥分离运输行李，货物、货样、广告品。

⑦其他需要向海关申报的物品。

（二）出境旅客

出境旅客携带有下列物品的，应在《中华人民共和国海关出入境旅客行李物品申报单》相应栏目内如实填报，并将有关物品交海关验核，办理有关手续。

①文物、濒危动植物及其制品、生物物种资源、金银等贵重金属。

②居民旅客需复带进境的单价超过 5000 元的照相机、摄像机、手提电脑等旅行自用物品。

③人民币现钞超过 20000 元，或外币现钞折合超过 5000 美元。

④货物、货样、广告品。

⑤其他需要向海关申报的物品。

违反海关规定，逃避海关监管，携带国家禁止、限制出入境或者依法应当缴纳税款的货物、物品出入境的，海关将依据《中华人民共和国海关法》和《中华人民共和国海关行政处罚实施条例》予以处罚。

（三）暂不予放行旅客行李物品暂存

根据 2016 年海关总署《关于暂不予放行旅客行李物品暂存有关事项》第 14 号公告，暂不予放行旅客行李物品暂存有关事项如下。

①旅客携运出入境的行李物品有下列情形之一的，海关暂不予放行。

• 旅客不能当场缴纳进境物品税款的。

• 出入境的物品属于许可证件管理的范围，但旅客不能当场提交的。

• 出入境的物品超出自用合理数量，按规定应当办理货物报关手续或其他海关手续，其尚未办理的。

- 对出入境物品的属性、内容存疑，需要由有关主管部门进行认定、鉴定、验核的。
- 按规定暂不予以放行的其他行李物品。

对于海关暂不予以放行的行李物品，可以暂存，并出具《中华人民共和国海关暂不予放行旅客行李物品暂存凭单》。为自存放之日起三个月内，旅客应当办结海关手续，逾期不办的，由海关依法对物品进行处理。

上述暂不予放行物品不包括依法应当由海关实施扣留的物品。

②暂不予放行的行李物品有下列情形之一的，海关可以要求旅客当场办理退运手续，或者移交相关专业机构处理，因此产生的费用由旅客承担。

- 易燃易爆的。
- 有毒的。
- 鲜活、易腐、易失效等不宜长期存放的。
- 其他无法存放或不宜存放的情形。

③对暂不予放行的行李物品办理暂存的，海关应当向旅客出具《中华人民共和国海关暂不予放行旅客行李物品暂存凭单》，旅客核实无误后签字确认。

④交由海关暂存的物品有瑕疵、损毁等情况的，海关现场关员应当在《中华人民共和国海关暂不予放行旅客行李物品暂存凭单》上予以注明，并应当由旅客签字确认。对于贵重物品或疑似文物等物品，海关可以采用拍照、施封等办法进行确认。

⑤旅客办理物品的提取手续时，应当向海关提交《中华人民共和国海关暂不予放行旅客行李物品暂存凭单》原件并出示旅客本人有效的出入境证件。旅客委托他人代为办理物品提取手续的，接受委托的代理人应当向海关提交《中华人民共和国海关暂不予放行旅客行李物品暂存凭单》原件、旅客本人出具的书面委托书、旅客有效的出入境证件复印件，并出示代理人本人有效的身份证件。

⑥海关暂不予放行的物品自暂存之日起三个月内，旅客应当办结海关手续。逾期不办的，由海关依法对物品进行处理。需要有关主管部门进行认定、鉴定、验核的时间不计入暂存时间。

第二节　检　验　检　疫

随着改革开放的不断深入和对外贸易的不断发展，特别是中国加入世界贸易组织后，出入中国国境的人流、物流、货流范围之广、规模之大、数量之多都是前所未有的，中国出入境检验检疫作为"国门卫士"，将发挥其不可替代的、越来越重要的作用。检验检疫的主要目的是防止外来国家或地区传染病及有害动植物资源的传入传出，保护人体健康、保护本国和本地区动植物资源的安全。

一、原国家质量监督检验检疫总局机构及职责

原中华人民共和国国家质量监督检验检疫总局是中华人民共和国国务院主管全国质

量、计量、出入境商品检验、出入境卫生检疫、出入境动植物检疫、进出口食品安全和认证认可、标准化等工作，并行使行政执法职能的正部级国务院直属机构。

其发展历程为：1998 年国务院机构改革，由原国家进出口商品检验局、原中华人民共和国卫生部卫生检疫局、原中华人民共和国农业部动植物检疫局三个机构组建而成"国家出入境检验检疫局"；"国家出入境检验检疫局"后与"国家质量技术监督局"合并总称"国家质量监督检验检疫总局"，简称"质检总局"。各省市也都设有自己的出入境检验检疫局，负责各省市的出入境卫生检疫、动植物检疫和商品检验的行政执法。

2018 年 4 月出入境检验检疫局已并入海关，以海关名义对外开展工作，一线查验和窗口岗位要统一上岗、统一着海关制服、统一佩戴关衔。

机场海关涉及检验检疫的主要职责任务如下。

①负责实施出入境卫生检疫查验和卫生监督，负责传染病、核生化有害因子及医学媒介等监测工作，负责口岸传染病的预防与控制工作，负责突发公共卫生事件的紧急处置工作，负责实施管辖范围内的国境口岸卫生行政许可及其监督管理工作。

②负责实施出入境动植物及其产品和其他检疫物的检验检疫和监督管理，负责实施动植物疫情的紧急预防措施，负责出口动植物及其产品和其他检疫物的生产、加工和存放等单位的注册登记和日常监督管理工作。

③负责实施进出口商品的法定检验和监督管理，负责实施出口商品注册登记的考核与监督检查，负责实施国家实行进口许可制度的民用商品的入境验证和出口、转口商品的出境验证，负责管辖范围内进出口企业的分类管理工作，负责办理进出口商品复验工作。

二、出入境检验检疫申报及处理

对于出入境人员有下列症状或情况之一的，须主动口头向出入境检验检疫部门申报，并接受检验检疫，填写《中华人民共和国出/入境健康申明卡》。

①有发热、持续咳嗽，以及呕吐、腹泻、皮疹、呼吸困难、不明原因皮下出血等症状。
②已诊断患有传染性疾病的。
③携带微生物、人体组织、生物制品、血液及其制品的。

目前出入境健康申报的填报方式有两种，一种是电子申报，入境旅客可以在值机时、登机前、落地后等时段通过扫描或下载"中国海关旅客指尖服务"微信小程序和 App 进行线上健康申报；另一种是纸质申报，旅客可以在机上或旅检通道领取纸质健康申明卡填报。相对来讲，电子申报具有很多的优势，例如：提高入关效率，节省滞留在入境口岸的等待时间，可以减少不必要的接触等。

根据口岸疫情防控形势，海关总署于 2022 年 8 月 31 日零时启用了第九版《中华人民共和国出/入境健康申明卡》，如图 9-1 所示。各互联网申报渠道，如健康申明卡微信小程序申报、互联网网页申报、掌上海关 App 同步启用新版申报功能，与之前的版本相比，第九版《中华人民共和国出/入境健康申明卡》内容上更为优化。①取消了对出入境人员核酸检测信息、既往感染情况、疫苗接种日期的申报要求。②对以往出入境人员容易产生疑问的项目进行了完善或调整，更利于出入境人员理解和填写。③增加了在线确定《采样知情同意书》的功能，更加方便进出境旅客简化现场检疫流程，共同做好口岸一线卫生检疫工作，保护好身后祖国和人民的健康安全。

中华人民共和国
出/入境健康申明卡

微信版　网页版

请在相应“□”中划“√”　□出境　□入境

姓名：______　性别：□男　□女　出生日期：______年______月______日

国籍（地区）：______　职业：□务工人员　□经商人员　□外交人员　□政府工作人员　□学生　□医护人员　□出/入境运输工具工作人员　□无业　□其他______

1. 证件类型：　□护照　□前往港澳通行证　□往来台湾通行证　□往来港澳通行证
　□港澳居民来往内地通行证　□台湾居民来往大陆通行证　□中华人民共和国出入境通行证
　□其它证件：______　证件号码：______
　航班（船班/车次）号：______　座位号：______**（凡乘坐国际及港澳台航班、列车、客车、轮渡、邮轮出入境的人员均应填写航班/船班/车次号与座位号。）**

2. □境内/□境外 有效手机号或固定电话：______
　其它境内有效联系人：______有效手机号或固定电话：______
　境内居住地：______省（直辖市、自治区），______市，______县（市、区、旗）

3. 过去 14 日内至今，您旅居的国家和地区（国内地址请具体到所在城市的县/市/区/旗）：
　日期：______　旅居国家或地区：______
　日期：______　旅居国家或地区：______
　日期：______　旅居国家或地区：______

4. 请选择过去 14 日内至今，是否有以下症状　□是 □否
　如有，请勾选
　□发热　□寒战　□乏力　□咳嗽　□呼吸困难　□鼻塞流涕　□头痛　□咽痛　□胸痛
　□肌肉或关节痛　□恶心呕吐　□腹泻　□皮疹　□面色潮红　□淤血或瘀斑　□淋巴结肿大
　□巩膜皮肤黏膜黄染　□其它不适症状______
　过去 14 日内至今，是否曾服用退烧药、感冒药、止咳药　□是 □否

5. 过去 7 日内至今，曾接触新冠肺炎确诊病例/疑似病例/无症状感染者　□是 □否
　过去 7 日内至今，曾接触有发热和/或呼吸道症状的患者　□是 □否
　过去 7 日内至今，所居住社区曾报告有新冠肺炎病例　□是 □否
　过去 7 日内至今，所在办公室/家庭等出现 2 人及以上有发热和/或呼吸道症状　□是 □否

6. 您是否曾接种过新冠肺炎疫苗？　□是 □否

尊敬的出入境人员，根据有关法律法规规定，为了您和他人健康，请如实逐项填报，如有隐瞒或虚假填报，将依照《中华人民共和国国境卫生检疫法》追究相关责任；如引起检疫传染病传播或者有传播严重危险的，将按照《中华人民共和国刑法》第三百三十二条，处三年以下有期徒刑或者拘役，并处或者单处罚金。

本人已阅知本申明卡所列事项，保证以上申明内容真实准确。如有虚假申明内容，愿承担相应法律责任。

签名：　　日期：

2022 年 8 月 31 日，第九版

图 9-1 《中华人民共和国出/入境健康申明卡》第九版样表

各口岸出入境检验检疫机构要加强出入境交通工具申报管理，对入境人员继续采取红外线体温检测、医学巡查、电子监管等无干扰检疫措施，对出入境人员携带物品进行 X 光机检查，防止传染病传入。

第三节　边　　防

出入境边防检查是为保卫国家的主权和安全，通过设在对外开放口岸的边防检查机

关，依法对出入境人员、交通运输工具及其携带载运的行李物品、货物等实施检查监督的一项行政管理活动。

一、出入境边防检查机关的机构和职责

负责出入境边防检查的机构叫出入境边防检查站，简称边检站。是我国出入境管理体系的重要组成部分，是代表国家行使入出境管理职权的职能部门，是国家的门户。我国共有海、陆、空对外开放口岸 305 个，设立出入境边防检查站 302 个。截至 2019 年 1 月，全国各出入境边防检查站均为人民警察编制，受国家移民管理局垂直领导。

边防检查站为维护国家主权、安全和社会秩序，主要履行下列职责。

①对出境、入境的人员及其行李物品、交通运输工具及其载运的货物实施边防检查。

②按照国家有关规定对出境、入境的交通运输工具进行监护。

③对口岸的限定区域进行警戒，维护出境、入境秩序。

④执行主管机关赋予的和其他法律、行政法规规定的任务。

二、出入境证件检查

公安边防检查部门依据《边防检查条例》代表国家行使出入境管理。对外国人、港澳同胞、台湾同胞、海外侨胞，中国公民因公、因私出入境进行严格的证件检查。

下面介绍一些关于护照、签证和其他常见证件的基础知识。

（一）护照

1. 定义

护照是一个主权国家发给本国公民或居住在本国的外国籍及无国籍人士，供其出入国境和在国外旅行、居留时证明其国籍和身份的一种证件。公民出入境在国际上往来，必须持有本国政府颁发的护照。护照一词的英文为 passport，是口岸通行证的意思，也就是说，护照是公民旅行通过各国国际口岸的一种通行证明。

2. 种类

护照一般分为外交护照、公务护照和普通护照。图 9-2 和图 9-3 分别给出了几种中国护照及外国护照的样式。普通护照又分因公普通护照和因私普通护照。此外还有侨民护照、团体护照、领事护照、特别护照等。外交护照一般是颁发给具有外交身份的人员使用的护照，如外交官员、领事官员和到外国进行国事活动的国家元首、政府首脑、国会或政府代表团成员等。根据国际惯例，上述人员的配偶和未成年子女，一般也发给外交护照。公务护照是发给国家公务人员的护照，也有的国家称这种供政府官员使用的护照为"官员护照"。此外，各国都把这种护照发给驻外使（领）馆中的不具有外交身份的工作人员及其配偶和成年子女。因公普通护照主要发给国营企业、事业单位出国从事经济、贸易、文化、体育、卫生、科学技术交流等公务活动的人员、公派留学、进修人员、访问学者及公派出国从事劳务的人员等。因私普通护照发给定居、探亲、访友、继承遗产、自费留学、就业、旅游和其他因私人事务出国和定居国外的中国公民。

图 9-2 中华人民共和国护照样式

图 9-3 几种外国护照样式

3. 内容

护照本身的内容，各个国家都比较相近。封面印有国徽和国名的全称及护照种类的名称，封底都印有使用护照的注意事项，封里一般都印有"请各国军政机关对持照人予以通行的便利和必要的协助"等。

2012 年 5 月 15 日，我国电子普通护照正式启用，这标志着我国公民的国际旅行证件进入全数字化时代。电子普通护照与旧版护照对比有了较大的差别，如图 9-4 所示。具体表现在以下方面。

图 9-4 电子普通护照与传统本式护照的对比

①护照封面的底部位置增加了一个电子芯片图标。

②旧版护照第一页有持照人身份证信息,电子护照第一页则没有。

③内页背景图有巨大变化。采用了以"辉煌中国"为主题的图案元素,并采用常光、荧光、水印三种形式表现。其中,常光和荧光表现的是我国 31 个省自治区直辖市,以及港澳台各地标志性景观。水印是我国 56 个民族的人物形象。

④护照编号,由原来的 G 开头编码变为了 E 开头编码。采用了激光穿孔技术,提高了防伪能力。

⑤护照芯片放在护照的最后一页,芯片里储存了持照人的数字化个人资料。

4. 办理

以普通护照办理为例。申请我国护照时,要提交符合《出入境证件相片照相指引》标准的照片、中国公民出入境证件申请表、居民身份证(在居民身份证领取、换领、补领期间,可以提交临时居民身份证)、省级公安机关出入境管理机构报经国家移民管理局批准的其他材料。若申请人未满十六周岁的,由其监护人陪同,除提交上述申请材料外,还应提交监护证明(如出生证明、户口簿等),以及监护人的居民身份证或者护照等身份证明及复印件;监护人无法陪同的,可以委托他人陪同,但还应当提交监护人委托书,以及陪同人的居民身份证或者护照等身份证明。登记备案的国家工作人员还应提交本人所属工作单位或者上级主管单位按照人事管理权限审批后出具的同意办理护照的意见;现役军人还应提交本人的身份证明(如身份证、军官证等)及复印件,以及具有审批权的军队系统主管部门出具的同意办理护照的意见。

护照办理的基本流程为:①申请人向公安部委托的县级以上公安机关出入境管理机构提交申请材料并按规定采集指纹信息。②受理机构对符合申请条件,申请材料齐全且符合法定形式的,向申请人出具《受理申请回执单》;对申请材料不齐全或者不符合法定形式的,一次性告知申请人需要补正的全部内容;对不属于本部门职责范围或不符合受理要求的,不予受理,并向申请人说明理由。③审批机构进行审核,作出批准或者不予批准的决定。批准的,签发证件;不予批准的,审批机构向申请人出具《不予批准决定书》。④申请人领取证件。

5. 有效期限

护照有一定的有效期限,各个国家所规定的有效期不同,规定 1 年、3 年、5 年、10 年各自不等。有些国家在办理入境签证时,对护照有效期有具体要求,如美国、法国、日本、泰国等国家,除要求签证有效外,还要求护照从入境日起有效期必须为半年及以上。

6. 双重国籍

持有两个或两个以上国家护照的旅客称为双重国籍人,该类旅客可持任一护照出国旅行,对签证的要求将视其所持的护照而定。中国大陆地区的中国人不享有双重国籍待遇。中国大陆地区的中国人遵守中华人民共和国的《国籍法》,即在出生国籍上采用血统主义和出生地主义相结合的原则,不承认中国公民具有双重国籍。《中华人民共和国国籍法》规定,凡定居外国的中国公民,自愿加入或取得外国国籍的,自动丧失中国国籍。

（二）签证

1. 定义

签证是一国政府机关依照本国法律规定为申请入出或通过本国的外国人颁发的一种许可证明。概括地说，签证是一个国家的出入境管理机构（如移民局或其驻外使领馆），对外国公民表示批准入境所签发的一种文件。签证通常附载于申请人所持的护照或其他国际旅行证件上。在特殊情况下，签证也可以单独签注在一张专用纸上，称为另纸签证。但另纸签证必须和护照同时使用，才能有效地达到入境、出境的目的。随着科技的进步，有些国家已经开始签发电子签证和生物签证，这大大增强了签证的防伪功能。根据国际法原则，任何一个主权国家，有权自主决定是否允许外国人出入其国家，有权依照本国法律颁发签证、拒发签证或者对已经签发的签证宣布吊销。签证在一国查控出入境人员、保护国土安全、防止非法移民和犯罪分子入境等方面发挥了重要作用。

2. 类别

①按照申请人的身份，主要有外交、公务、普通和礼遇签证。

②根据申请人的目的划分，一般有出境、入境、出入境或入出境及过境签证。

③从签证的使用效力看，分为一次有效、二次有效及多次有效签证。

④从居留的时间划分，有短期、长期及永久居留签证。

⑤从居留资格看，可区分为移民、观光旅游、留学、就业、投资、商务及偕行配偶签证。

⑥从签发机构角度看，有领事签证和口岸签证。

⑦除以上签证外，还有团体签证、电子签证及互免签证等。

3. 有效期

签证有效期指从签证签发之日起到以后的一段时间内，准许持有者入境的时间期限。超过这一期限，该签证即为无效签证。它是签证中很重要的内容，一般为 3 个月，也有 1 个月或 6 个月，各自不同。

世界上所有主权国家签发的签证基本上都标明有效期。也就是说，没有有效期的签证是不存在的。所以，对于申请某国（地区）签证的申请人来讲，必须在获得签证后，牢记该签证的有效期，并在该有效期内抵达目的地。

4. 停留期

签证的停留期，指准许签证获得者在前往国家（地区）停留的期限。

签证的有效期和停留期是两个不同概念，但又相互联系。例如，某国的入、出境签证有效期为 3 个月，停留期为 15 天，那么，这个签证从签发日始 3 个月内无论哪一天都可以入、出该国国境，但是，从入境当日起，到出境当日止，持证人在该国只能停留 15 天。

（三）其他证件

①大陆居民往来台湾通行证。

②中华人民共和国旅行证。

③中华人民共和国出入境通行证。

④中华人民共和国海员证。

⑤港澳同胞回乡证。

⑥卡式港澳居民来往内地通行证。

⑦台湾居民来往大陆通行证。

⑧中华人民共和国往来港澳通行证。

⑨因公往来香港澳门特别行政区通行证。

三、出入境有关规定

（一）中国公民出入境

（1）内地居民出入境：内地居民出国，应持有效护照和前往国签证（前往免办签证国家除外）；内地居民往来港澳地区，应持有《往来港澳通行证》及有效签注；内地居民往来台湾地区，应持有《大陆居民往来台湾通行证》及有效签注；内地居民赴港澳台签注为旅游签注（"L"签注）的，应随旅游团团体出入境。

（2）港澳居民出入境：凭有效《港澳居民回乡证》或《港澳居民来往内地通行证》办理边检手续。

（3）台湾居民出入境：凭有效《台湾居民来往大陆通行证》及有效签注或居留办理边检手续。

（二）外国旅客出入境

外国旅客出入境，除免办签证者外，凭有效护照和中国签证（或永久居留、居留许可）办理边检手续。旅客在华逾期停留或旅游团入境后因特殊原因需分团的，应到当地公安机关出入境管理部门办理相关手续后再出境。旅客入境后在华丢失护照的，应向驻华使（领）馆申请护照并到当地公安机关出入境管理部门办理相关手续后再出境。

思考与练习

1. 简述旅客出入境通关需要遵循的基本原则。

2. 海关对哪些物品有出入境的限制规定？

3. 结合新型冠状病毒感染疫情，简述我国出入境检验检疫的作用有哪些？

4. 简述护照和签证的定义及作用。

即 测 即 练

自
学
自
测

扫
描
此
码

第十章

特殊旅客运输服务

特殊旅客指在接受旅客运输和旅客在运输过程中，承运人需给予特别礼遇，或需给予特别照顾，或需符合承运人规定的运输条件方可承运的旅客。特殊旅客包括重要旅客、婴儿、儿童、孕妇、听觉或视觉障碍旅客、行动障碍旅客、老年旅客、其他特殊需求旅客等。

婴儿、儿童、孕妇、听觉或视觉障碍旅客、行动障碍旅客等特殊旅客，只有在符合承运人规定的运输条件下，经承运人预先同意并在必要时做出安排后方可载运。传染病患者、神经病患者或健康状况可能危及自身或影响其他旅客安全的旅客，承运人不予承运。根据国家有关规定不能乘机的旅客，承运人有权拒绝其乘机，已购客票按自愿退票处理。

特殊旅客的运输与普通旅客有一定差别，为了使特殊旅客能愉快、安全地出行，航空公司制定了详细的乘运规定，对凡是符合承运条件的特殊旅客，都必须做好相应的准备，保证万无一失，防止因公司的原因造成拒运，给旅客造成不应有的损失和影响航空公司的社会责任感形象。对因条件限制而不能承运的特殊旅客，要给予合理的和恰当的解释，防止因条件不具备而承运给旅客造成不应有的损失和给公司的安全运行造成影响。加强对老年人、孕妇、无陪儿童等特殊旅客的关爱，从迎送流程、空中服务等多个细节出发，设计差异化的服务程序，提供热情贴心的真情服务，给予特殊旅客更多的关注、关心、关爱。

第一节　重要旅客运输

重要旅客是航空运输保证的重点，认真做好重要旅客运输服务工作是民航运输部门的一项重要任务。

一、重要旅客的定义及分类

（一）定义

重要旅客指因其身份或社会地位的需要应予以特别礼遇和照料的特殊旅客。航空公司向确定身份的重要旅客提供高规格服务项目，确保重要旅客按预订航班、舱位等级旅行，保证无论航班发生任何情况不被落下，确保托运行李完好无损随机到达目的地。国家另有规定的除外。

（二）分类

1. 最重要旅客（very very important person，VVIP）

（1）国内：中共中央总书记；中共中央政治局常委、委员、候补委员；国家主席、国家副主席；全国人大常委会委员长、副委员长；国务院总理、副总理、国务委员；全国政协主席、副主席；中央军委主席、副主席；最高人民检察院检察长；最高人民法院院长等。

（2）国外：外国国家元首和政府首脑；外国国家执政党最高领导人；外国国家议会议长、副议长；联合国秘书长；国际奥委会主席等。

2. 一般重要旅客（very important person，VIP）

（1）国内：省、部级（含副职）以上领导；军警部队在职正军职（含少将）以上领导人；大使、公使级外交使节等；由各部、委以上单位或我国驻外使领馆提出要求按上述旅客服务标准接待保障的重要旅客；中国工程院、中国科学院院士；享受以上身份或职级待遇的其他旅客；公司认可的重要旅客。

（2）国外：王室代表；各国政府部长；外国政府部长、副部长率领的专业性代表团及相应级别领导人；大使、公使级外交使节；国际（地区）各单项组织主席；国际组织（包括联合国国际民航组织）负责人、国际知名人士、著名议员、著名文学家、科学家和著名新闻界人士等；享受以上身份或职级待遇的其他旅客；公司认可的重要旅客等。

3. 工商界重要旅客（commercially important person，CIP）

工商业、经济和金融界重要、有影响的人士；文体届及社会知名人士；重要的旅游业领导人；国际空运企业组织、重要的空运企业负责人等。

二、重要旅客服务的内容

民航局高度重视重要旅客的运输服务。1993年7月，民航局下发了《关于重要旅客乘坐民航班机运输服务工作的规定》，制定了详细的重要旅客服务规定。各大航空公司据此也制订了本航空公司的重要旅客服务原则和要求。

（一）服务保障原则

①重要旅客信息安全保密，尽量缩小知密范围。

②重要旅客实行专人服务，由形象气质好、服务意识强、业务技能精通的优秀服务人员为重要旅客提供优质服务，各级值班领导到现场指挥保障。

③重要旅客服务保障情况留底存档。

④VVIP乘坐的航班严禁载送押送犯罪嫌疑人、精神病患者，不得载运危险物品。

（二）服务内容

①优先办理乘机手续或现场代办乘机手续。

②放宽免费托运行李限额。

③放宽旅客随身携带行李限额。

④安排提前或最后登机、优先下机。

⑤有条件的情况下可提高舱位等级。

⑥提供头等舱旅客休息室（或贵宾专用休息室）。

⑦提供专人陪伴引导。

⑧安排专人协助提拿行李。

⑨代办托运或领取行李。

⑩提供重要旅客行李后装先卸和优先交付服务。

第二节　婴儿、儿童、老年和孕妇旅客运输

一、婴儿旅客运输

婴儿，是指出生满 14 天以上但年龄不满 2 周岁的婴儿。婴儿旅客是指乘机时年龄已满 14 天但不满 2 周岁的旅客。

婴儿运输的一般规定有以下内容。

①航空公司一般不接受出生不足 14 天的新生婴儿和出生不足 90 天的早产儿乘机，出生超过 14 天的早产婴儿若要乘机必须出示《病情诊断证明书》。

②出生满 14 天未满 2 周岁的婴儿乘坐飞机时必须有年满 18 周岁或以上的成人旅客陪伴同行。

③婴儿旅客按成人票价的 10%购票，不单独占用座位，不享受免费行李额，但可免费托运全折叠或轻便婴儿手推车一辆，并可携带适量的食物、婴儿尿布等旅行途中用品。部分航空公司规定婴儿旅客可享受 10 千克的免费行李额。

④除特别安排外，每位成人旅客最多可携带二名婴儿。每一位成人旅客携带的未满两周岁的婴儿超过一名时，超过的人数应购买儿童票，提供座位，享受成人的免费行李额。

⑤航空公司按普通旅客承担婴儿运输责任。

⑥航空公司一般对各机型所允许销售的婴儿票数量进行限制，如所预订航班上的婴儿数量已超过规定的数量时，该婴儿旅客将无法获得订座。

⑦航空公司在部分特定机型和航线上提供婴儿摇篮服务，如南航在 B777、B787、A330、A350、A380 机型执行的飞行时间超过 3 小时航线的经济舱和明珠经济舱均为不占用机上座位的婴儿提供机上婴儿摇篮服务，中国国际航空公司可在部分机型执行的国际航线的公务舱、超级经济舱、经济舱中免费提供婴儿摇篮服务。婴儿摇篮适用于体重不超过 22 磅/10 千克且身长不超过 75 厘米的婴儿旅客。

二、儿童旅客运输

1. 有成人陪伴儿童旅客

儿童旅客指旅行开始之日已年满两周岁但未满 12 周岁的旅客。

乘机时年龄已满 2 周岁但未满 12 周岁的儿童旅客，乘机时有成年人（年满 18 周岁且有民事行为能力的人）陪伴同行，且与陪同人须购买相同服务等级舱位的客票。例如，儿童单独购买某一服务等级舱位客票，须申请无成人陪伴儿童服务。

有成人陪伴儿童旅客运输的一般规定如下。

①已满 2 周岁但未满 12 周岁的儿童，票价按儿童票价计收，可以单独占一个座位，

超过 12 周岁按成人票价计收。不满 5 周岁的儿童乘机，必须由已年满 18 周岁且无身体缺陷或精神障碍的成人陪同；有成人陪伴儿童乘机时，应购买与其陪伴人相同舱位服务等级的机票。年满 5 周岁，但不满 12 周岁的儿童单独乘机应按有关规定申请办理无成人陪伴儿童乘机。

②儿童年龄指开始旅行时的年龄。如儿童在开始旅行时未满规定的年龄，而在旅行途中超过规定的年龄，不另补收票价。

③购买儿童票应提供年龄的证件，如护照、户口簿、出生证明等。

④按儿童票价付费的儿童，可享有所持客票等级规定的免费行李额。

⑤在填开儿童客票时，应分别在姓名之后，加注 CHD 代号，并加括弧表示，如（CHD）。在"客票类别"栏内分别用 CHD 代号表示。

⑥在办理乘机手续时，如无特殊要求，即按一般旅客来办理，无须提供特别的服务，也无须填写"特殊服务通知单"。

⑦在安排座位时，不能安排在紧急出口位。

⑧每名成人旅客携带不超过 3 名 5 岁以下儿童，或 1 名婴儿和 2 名 5 岁以下儿童，或 1 名残疾儿童。

⑨按相应的儿童票价付费的儿童，可享有所持客票票价等级规定的免费行李额。

2. 无成人陪伴儿童旅客运输

无成人陪伴儿童，指年满 5 周岁但未满 12 周岁的，没有年满 18 周岁且有民事行为能力的成年旅客在同一物理舱位陪伴乘机的儿童。

（一）一般规定

①航空公司接受运输无成人陪伴儿童，年龄在 5 周岁以下的无成人陪伴的儿童，不予承运，年龄在 12 周岁以上的无成人陪伴的儿童按成人办理。

②无成人陪伴儿童符合下列条件者，方能接受运输。

- 无成人陪伴儿童应由儿童的父母或监护人陪送到上机地点并在儿童的下机地点安排人员迎接和照料。
- 运输的全航程包括两个或两个以上航班时，不论是由同一个空运企业或不同的空运企业承运，在航班衔接站，应由儿童的父母或监护人安排人员接送和照料，并应提供接送人的姓名和地址。
- 如儿童的父母或监护人，在航班经停站安排人员接送和照料有困难，而要求承运人或由当地雇佣服务人员照料儿童时，应预先提出并经承运人同意后，方可接受运输。
- 儿童父母或监护人所提供的，在航班衔接站和到达站安排的接送人，需经承运人接到核实无误的复电后，方可接受运输。

③无成人陪伴儿童不作为非自愿升舱和拒载的人选。

④无成人陪伴儿童乘坐国际航班的申请应根据各航空公司规定提前申请，经承运人同意并在必要时做出安排后方可接受乘机。

⑤无成人陪伴儿童在境内申请乘机（国际航班），应由承运人直属售票处、分公司售票处、营业部售票处负责受理和审批。在境外申请乘机，则由承运人驻外办事处负责受理

和审批。国内没有售票处的地方，可向就近经承运人授权的售票处申请。

⑥销售代理人不得办理此项业务。

⑦无成人陪伴儿童 PNR 的建立及客票的填开，除按一般规定外，还要在旅客姓名后加注无成人陪伴儿童代码 UM。

⑧在办理乘机手续时，值机人员应将无成人陪伴儿童安排在前排适当座位便于客舱旅务员照料，但不能安排在紧急出口座位。不安排女性无成人陪同儿童旅客在男性成人旅客座位旁。

⑨由于承运人对无成人陪伴儿童负有责任，并需全航程提供安全周到的特殊服务及照顾，因此每一航班承运的年龄较小的无成人陪伴儿童数量会有一定的限制，例如，中国国际航空公司规定，已满 5 周岁未满 8 周岁的无成人陪伴儿童每个航班仅限 5 名。

（二）票价

①国际及地区航线（包括香港、澳门、台湾）：5 周岁或 5 周岁以上至 12 周岁以下的无成人陪伴儿童，票价按成人适用票价收费，可单独利用一个座位。如无成人陪伴儿童的机票不足成人适用票价时，应予以补收。

②国内航线：根据中国民航局规定，5 周岁或 5 周岁以上至 12 周岁以下的无成人陪伴儿童，票价与有成人陪伴儿童的票价相同。

（三）操作程序

①航班起飞前旅客监护人向销售部门提出无成人陪伴儿童的运输申请，填写《无成人陪伴儿童乘机申请书》，样表如图 10-1 所示，提供始发站和目的站的儿童接送人的姓名、地址和联系电话。因为机型限制，各机型对接收无成人陪伴儿童的数量会有一定限制，超过该限制数则不予接收。

一般情况下按照规定，航空公司现场不接收临时申请的无成人陪伴儿童旅客乘机。

②销售人员根据《无成人陪伴儿童乘机申请书》内容拍发电报与目的站联系，请求与该旅客迎接人员联系。

③目的站工作人员根据申请电报内容，与该地点的迎接人员联系，回复电报和证实无成人陪伴儿童运输。

④销售人员收到目的站确认电报后，将电报和《无成人陪伴儿童乘机申请书》附在客票上。

⑤值机人员根据机票上所附的特殊旅客运输通知电报（SPA/UM），核对无成人陪伴儿童乘机申请书的内容。

⑥值机人员为无成人陪伴儿童办理乘机手续，填写《旅客特殊服务通知单》，并将所有旅行证件放入本公司无成人陪伴儿童旅行证件袋。

⑦无成人陪伴儿童的监护人停留在机场，直至航班起飞。

⑧服务人员陪同无成人陪伴儿童办理各项安检、出境等手续，陪同候机。

⑨航班结束后，值机人员拍发旅客服务电报（PSM）给经停站或目的站（内容：姓名、年龄、座位号、托运行李件数及号码、到达迎接人的姓名及联系电话），将无成人陪伴儿童运输资料存档。

无成人陪伴儿童乘机申请书

UNACCOMPANIED MINOR REQUESTED FOR CARRIAGE-HANDLING ADVICE

至(To)中国东方航空股份有限公司_____   日期（DATE）：_____

儿童姓名（NAME OF MINOR）_____   年龄（AGE）：_____

（包括儿童乳名-INCLUDING NICKNAME）_____   性别（GENDER）：_____

航程(ROUTING)_____

航班号 FLT NO	日期 DATE	自 FROM	至 TO

航站 STATION	接送人姓名/证件号 NAME OF PERSON ACCOMPANYING/ID No.	地址电话号码 ADDRESS AND TEL NO
始发站 ON DEPARTURE		
到达站 ON ARRIVAL		

儿童父母或监护人姓名地址电话号码　PARENT/GUARDIAN-NAME,ADDRESS AND TEL No

_____

声明(DECLARATION)

1. 我证实申请书中所述儿童在始发站和到达站由我所列明的人负责接送。接送人将保证留在机场，直到航班起飞以后，以及按照班期时刻表所列的航班到达时间以前抵达到达站机场。

2. 如果由于上表所列接送人未按规定进行接送，造成儿童无人接送时，为保证儿童的安全运输包括返回始发站，我授权承运人，可以采取必要的行动，并且同意支付承运人在采取这些行动中所垫付的必要的和合理的费用。

3. 我保证该儿童已具备有关国家政府法令要求的全部旅行证件（护照、签证、健康证明书等）。

4. 既往病史（选填）_____，

5. 我作为上表所列儿童的父母或监护人，同意并要求该儿童按无成人陪伴儿童的规定进行运输，并证明所提供的情况，正确无误。我同意承运人处理上表所列儿童的个人信息并承诺在提供接送人个人信息前已获得其同意。

1. I declare that I have arranged for the minor mentioned on the upper side of this sheet to be accompanied to the airport on departure and to be met upon arrival by the person named. These persons will remain at the airport until the flight has departed and/or be available at the airport at the scheduled time of the arrival of the flight.

2. Should the minor not be met as stated on the upper side of this sheet, I authorize the carrier(s) to take whatever action they consider necessary to ensure the minor's safe custody including return of the minor to the airport of departure, and I agree to indemnify and reimburse the carrier(s) for the necessary and reasonable costs and expenses incurred by taking such action.

3. I certify that the minor is in possession of all travel documents (passport, visa, health certificate, etc.) required by applicable laws.

4. Past Medical History(Optional):_____,

5. I, the undersigned father/mother or guardian of the minor mentioned on the upper side of this sheet agree to and request the unaccompanied carriage of the minor named on the upper side of this sheet and certify that the information provided is accurate. I agree to the processing of the personal data of the minor by the carrier and have obtained the consent from the accompanying persons to provide their personal data.

申请人签字(Signature): _____

接机人签字（Pick-up person Signature）: _____

图 10-1 无成人陪伴儿童乘机申请书

⑩服务人员护送无成人陪伴儿童登机，与客舱乘务长交接，签署《旅客特殊服务通知单》。

⑪飞机到达后，服务人员陪同无成人陪伴儿童下机，协助提拿随身行李，办理到达或入境手续，提取托运行李。

⑫服务人员按《无成人陪伴儿童乘机申请书》内容查验旅客迎接人证件，交接无成人

陪伴儿童，请旅客迎接人在《无成人陪伴儿童乘机申请书》上签名。

⑬服务人员将《无成人陪伴儿童乘机申请书》收回和存档。

三、老年旅客运输

老年旅客指年龄超过 70 岁，但身体健康、适宜乘机的旅客。《中国民用航空旅客、行李国内运输规则》规定：70 岁以上的老人乘坐飞机，须持县级以上医院出具的适合乘坐飞机的证明；70 岁以上的老人乘坐飞机，行动不便，必须借助设备才能乘机，或是需要某些特殊服务（始发站及目的站接送机，登机指引）的旅客，要在订座时向航空公司直属售票处提出申请。

预订申请要求如下。

①年满 70 周岁或以上的成人可向航空公司提出老人协助申请。

②老人协助申请需在航班计划起飞前 72 小时提出申请办理。

③乘客应在乘机当日，航班离站时间 120 分钟前办理相关手续。

④如果旅客提交的申请已经超过该航班的接收限额，申请将不成功。

四、孕妇旅客运输

（一）运输规定

在高空飞行时，空气中的氧气含量相对减少，气压降低，所以，航空公司通常对孕妇乘机制定了一些运输规定。只有符合运输规定的孕妇，承运人方可接受其乘机。

①怀孕 32 周或不足 32 周的健康孕妇，除医生诊断不适应乘机外，可按一般旅客运输。

②怀孕超过 32 周但不超过 36 周的孕妇乘机，应提供包括下列内容的医生诊断证明（样表如图 10-2 所示）。

* 旅客的姓名、年龄。
* 怀孕时期、预产期。
* 旅行的航程和日期。
* 是否适宜乘机。
* 在机上是否需要提供其他特殊照料等。

上述诊断证明书，应在旅客乘机前 72 小时内填开，并经医生签字和医疗单位盖章。

③怀孕超过 36 周的孕妇，除飞行时间在 5 小时以内的短途旅客，距离预产期在 2 周以上者外，一般不予接受运输。

④航空公司拒绝承运有早产症状的孕妇旅客和分娩后 7 天内的产妇旅客。

（二）办理程序

①在接收孕妇时必须先判断该孕妇是否符合承运人所规定的承运条件。

②检查孕妇是否具备在起飞前 72 小时由医生开具的诊断证明书。

③如一切手续齐全，则可按照一般旅客手续办理，不需要填写《特殊服务通知单》，也无须拍发电报。

诊断证明书

1. 旅客姓名＿＿＿＿＿＿＿＿＿ 2. 年龄＿＿＿＿＿＿＿＿ 3. 性别＿＿＿＿＿＿

4. 住址(或工作单位)＿＿＿＿＿＿＿＿＿＿＿＿ 5. 电话＿＿＿＿＿＿＿

6. 航程：航班号＿＿＿＿＿＿＿＿＿＿ 日期＿＿月＿＿日自＿＿＿至＿＿＿

   联程：航班号＿＿＿＿＿＿＿＿＿＿ 日期＿＿月＿＿日自＿＿＿至＿＿＿

7. 诊断结果：＿＿＿＿＿＿＿＿＿＿＿＿＿＿＿＿＿＿＿＿＿＿＿＿＿＿＿＿＿

8. 症状、程度、愈后(如系孕妇需注明预产期)＿＿＿＿＿＿＿＿＿＿＿＿＿＿＿
＿＿＿＿＿＿＿＿＿＿＿＿＿＿＿＿＿＿＿＿＿＿＿＿＿＿＿＿＿＿＿＿＿＿＿

注：（1）上述7、8两项内容填写，需简单、明确。

（2）下述表格中提供的内容。供机上服务人员在飞行途中为病残旅客提供必要的服务时作为参考。

程度 症状	无	轻度	中等	严重	备注
贫血					
呼吸困难					
疼痛					
血压					

9. 附注: (如有膀胱、直肠障碍或在飞行中需特殊餐食及药物医疗处理情况等，请予以列明)

----

10. 需要何种服务(将下列适用的项目用O圈起)

乘坐姿势		1. 使用机上一般座椅　2. 使用机上担架设备
陪同人员		医生，护士、其他人员(具体列明)，不需要
上下飞机时	轮椅	要，不要
	担架	要，不要
救护车		要，不要
空中用氧		要，不要　每小时用氧流量：

已参阅背面的参考资料，我院诊断认为，该旅客的健康条件在医学上能够适应上述航空旅行的要求，无传染疾病，也不至造成对其它旅客的不良影响。

医师：＿＿＿＿＿＿＿＿＿＿ 电话：＿＿＿＿＿＿＿＿＿＿＿

签字 医疗单位(盖章) 年 月 日

图 10-2 诊断证明书

④发现异常情况或不符合承运条件的孕妇或产妇，航空公司可以拒绝承运。

⑤现在国内部分航空公司对于单独乘机的孕妇旅客，提供进出港国内航班全程的无人陪伴服务（始发站送机、空中专门照顾、目的站接机）。孕妇旅客可在购票时申请无人陪伴服务。

第三节　病残旅客运输服务

残疾人是指在心理、生理、人体机构上，某种组织、功能丧失或者不正常、全部或部分丧失以正常方式从事某种活动能力的人。残疾人包括肢体、精神、智力或感官有长期损伤的人，这些损伤与各种障碍相互作用，可能阻碍残疾人在与他人平等的基础上充分和切实地参加社会活动，具体表现为视力残疾、听力残疾、言语残疾、肢体残疾、智力残疾、精神残疾、多重残疾和其他残疾的人。

具备乘机条件的残疾人是指购买或持有有效客票，为乘坐客票所列航班到达机场，利用公司、机场和机场地面服务代理人提供的设施和服务，符合适用于所有旅客的、合理的、无歧视运输合同要求的残疾人，但不包括担架旅客。

由于身体或精神上的缺陷或病态，在航空旅行中，不能自行照料自己的旅途生活，需由他人帮助照料的旅客，通常称之为病残旅客。

一、病残旅客的范围

病残旅客包括：①行动障碍；②视力、听力障碍；③精神障碍。

一般情况下，以下情况航空公司可以拒绝承运。

①患有传染性疾病旅客。

②病危旅客。

③精神病现发作患者旅客。

④精神病患者，易于发狂，可能对他人造成危害者。

⑤面部严重损伤旅客，有特殊恶臭或特殊怪癖，可能引起其他旅客厌恶的旅客。

⑥无陪伴担架旅客。

二、病残旅客接收条件

病残旅客要求乘机，一般须在航班起飞 96 小时之前向承运人的售票处提出申请，并出具下列文件。

（一）诊断证明书

《诊断证明书》一式三份，必须在患病旅客旅行前 96 小时内由三级医院出具和盖章，病情严重的旅客应备有班机起飞前 48 小时以内填开的《诊断证明书》，同时，要附署主治医师以上级别的签署意见。

（二）特殊旅客乘机申请书

《特殊旅客乘机申请书》一式两份（样表如图 10-3 所示），必须由旅客本人在航班起飞前填写和签署，家属或监护人代理签署必须提供能够证明双方关系的有效证明文书或旅客本人的正式授权文书。

三、常见病残旅客的处理操作

（一）行动障碍旅客

病残旅客具有行动障碍，如需申请轮椅服务，航空公司将协助旅客使用轮椅，而无须缴付额外费用，工作人员将协助旅客从机场前往闸口或登机（根据机场的设施而定）。如

特殊旅客乘机申请书

特殊旅客乘机申请书 Special Service Applications	
旅客姓名： Name:	手机： Mobile:
航班号/日期： Flt No. / Date	航程： Route:
票号/Tkt No.:	

您需要的服务 Special service you need	
☐ 机场轮椅 Wheelchair at airport	☐ 客舱轮椅 Cabin wheelchair
☐ 机上用氧 Oxygen in cabin	☐ 担架 Stretcher
☐ 机场陪伴服务 Accompanying at airport	☐ 携带服务犬上机 Travelling with service animal
☐ 托运电动轮椅 Checking electric wheelchair at airport	☐ 在客舱内存储折叠轮椅(尺寸应不大于33 × 91 × 106CM) Storing the folding wheelchair in the aircraft（the size less than 13 × 36 × 42inches）

☐ 10 人或 10 人以上残障（疾）人旅客团体 Accommodation for a group of ten or more qualified individuals with a disability, who make reservations and travel as a group;

在计划旅行时，您向我们提供的信息越多，我们能为您提供的帮助就越多。

The more information you can provide our representatives when making your travel plans, the more we can help you.

以下内容非必填项，在您已接受的隐私声明内容的基础上我们还将收集您的健康信息，您是否确认提供以下健康信息以帮助我们更好地对您提供服务，若是请进行签字确认。

The following information is optional filling. We will also collect your health information on the basis of your accepted privacy statement. Do you confirm that you will provide the following health information to help us better serve you? If so, please sign and confirm.

签字栏/Signature＿＿＿＿＿＿＿＿＿＿＿

☐ 患病 Patient 请提供医生证明 You may need to present a medical certificate from a doctor	
☐ 无陪老年旅客 Unaccompanied elderly	
☐ 视力障碍 Visually impaired	☐ 听力障碍 Hearing impaired
☐ 精神障碍 Mentally impaired	☐ 智力障碍 Intellectually impaired

行动能力障碍（请选择类型）Mobility impaired(please specified)

☐ 不能自行行走 Unable to walk

☐ 可自行上下楼梯及短距离行走 Can go up and down the stairs and walk short distances

☐ 需扶助、不能自行上下楼梯、但能短距离行走
Unable to go up and down the stairs but can walk short distances

其他障碍 Others 请注明 Please specified:

是否有陪伴人员 Do you have any accompanied person during the trip? Yes　　☐

陪伴人员或接机人员姓名： Accompanied or picking-up person Name:	手机： Mobile:

图 10-3 特殊旅客乘机申请书

国航规定，在国航实际承运的航班上，为具有行动障碍的残疾人旅客和伤病旅客提供轮椅服务，工作人员将协助旅客使用轮椅从值机区前往登机区。旅客可在规定的免费行李额以外，免费托运一部轮椅或其他辅助设备。行动障碍旅客一般需要拐杖、轮椅等助残设备，因此，可以分为以下两种类型。

1. 轮椅旅客

（1）定义

轮椅旅客指在航空旅行过程中，由于身体的缺陷或病态，不能独立行走或步行有困难，依靠轮椅代步的旅客。

（2）类型

机场轮椅可分为三类。

①机下轮椅（WCHR）。旅客能够自行上下飞机，并且在客舱内也可以自己走到自己的座位上（需要地面轮椅服务的旅客）。此类旅客服务起止于客机停机坪。

②登机轮椅（WCHS）。旅客不能自行上下飞机，但在客舱内能够自己走到自己的座位上（需要上下客梯轮椅服务的旅客）。此类旅客服务起止于客梯。

③机上轮椅（WCHC）。旅客完全不能自己行动，需要由别人扶着或抬着才能进到客舱内自己的座位上（需要客舱轮椅服务的旅客）。此类旅客服务起止于客舱座位。

（3）值机与服务

①根据旅客要求，值机柜台的值班主任迅速通知服务室特殊服务工作人员带轮椅到现场，并按规定填写《旅客特殊服务通知单》。

②旅客自备轮椅不得带入客舱内，值机员要在值机柜台或登机口帮助旅客将自备轮椅作为托运行李托运，换坐承运人提供的轮椅。轮椅作为托运行李免费运输，不计入免费行李额。

③为轮椅旅客优先办理乘机手续，并将旅客的座位尽量安排在靠通道的方便旅客进出的座位上，但不可安排在紧急出口处。

④轮椅可以当场申请，不收取任何费用，旅客也可以无人陪同。

⑤航班结束后，拍发旅客服务电报（PSM），并将有关资料存档。

2. 担架旅客

（1）定义

担架旅客是指病残旅客在旅行中不能使用飞机上的座椅，只能躺卧在担架上的旅客。

（2）相关规定

担架旅客除按照病残旅客运输的规定办理外，还应按下列规定办理。

①需要担架的旅客必须在订座时提前提出申请，申请时间根据各航空公司规定执行。须经航空公司审核，并取得航空公司同意接受担架旅客的回复，才能运输该担架旅客。

②在每一航班的每一航段上，只限载运一名担架旅客。除特别同意外，头等舱和公务舱拒绝接受任何担架旅客。

③担架旅客应提前到达值机柜台办理乘机登记手续。

④担架旅客必须至少由一名医生或护理人员陪同旅行。经医生证明，病人在旅途中不需要医务护理时，也可由其家属或监护人陪同旅行。

⑤担架旅客的票价根据安放担架需占用的座位数计算，不得使用特种票价或折扣票价。接收担架旅客一般需拆卸 3～5 个飞机座椅，该旅客的具体票价及免费行李额应根据旅客实际购买机票数量确定。

⑥每一陪伴人员根据实际占用的座位等级，按头等舱、公务舱或经济舱票价计收。担架旅客担架附近的空余座位一般不再售票。联系医院、救护车以及其他地面服务所产生的费用均由担架旅客自己承担。

（3）值机与服务

①值机室接到航班有担架旅客的通知后，应立即向总调度了解机上为担架旅客预留的座位排号（总调度事先通知有关部门拆除这部分座位以便安放担架）。

②在办理乘机手续时，值机人员必须查验医生《诊断证明书》和《特殊旅客（担架）乘机申请书》，经查验担架旅客符合乘机规定后，方能办理乘机手续。

③优先为担架旅客办理乘机手续，将陪同人员的座位和担架旅客安排在一起，旁边尽可能不再安排其他旅客。

④乘机手续办理完毕后，值机工作人员与服务人员进行交接，由服务人员陪同旅客过安全检查，在候机厅内安排适当座位休息。

⑤值班主任应填写一式两份《旅客特殊服务通知单》，并通知服务室工作人员前来帮助引导。

（二）视觉、听觉障碍旅客

1. 视觉障碍旅客

视觉障碍旅客指全盲、弱视或罹患眼部疾病，无完全行动能力的旅客。

（1）有成人陪伴的盲人旅客

有成人陪伴的盲人旅客是指有成年人陪同乘机的旅客。该盲人旅客按一般旅客接受运输。

（2）有导盲犬引路的盲人旅客

盲人旅客携带导盲犬，按下列规定办理（持有医生证明的聋人旅客携带助听犬乘机的也同样适用）。

①经承运人同意携带的导盲犬，连同容器和食物，可以免费运输而不计算在免费行李额内。

②同一客舱内一般只能装运一只导盲犬（或助听犬）。

③带进客舱的导盲犬，必须在上航空器前为其戴上口罩和系上牵引绳索，并不得占用座位和让其任意跑动。装在货舱内运输的，其容器必须坚固。该容器应当防止小动物破坏、逃逸和伸出容器外损害行李和货物，并能防止粪便渗溢，以免污染航空器设备和其他物品。

④旅客携带导盲犬必须经承运人和有关连续承运人同意，填写《服务性动物运输申请书》（样表如图10-4所示）。

⑤导盲犬必须具备中华人民共和国和运输过程中有关国家动物出境、入境和过境所需的有效证件。

⑥在中途不降停的长距离飞行航班上或者在某种型号的航空器上，不适宜运输导盲犬的，承运人可以不接受运输。

（3）无成人陪伴的盲人旅客

通常承运人会对每一航班每一航段上运载的无陪伴盲人旅客数量做出限制。

服务性动物运输申请书
Application for Service animal Transportation

旅客姓名 Name	航班号/日期 Flt No. / Date
动物名称 Animal variety	航程 Route
联运航班/日期 Connecting Flt / Date	
联运承运人同意证明 Permission of successive carrier(s)	
持有的旅行文件名称及编号： Certificate No.	

<table>
<tr><td colspan="2" align="center">声 明</td></tr>
<tr><td colspan="2">旅客为所携带服务性动物的安全、健康和管理承担全部责任，并应全权负责所携带服务性动物与同机其他旅客之间可能发生的交流或问题。
携带服务性动物的旅客应遵守所有相关的政府要求、规定或限制，包括运输该服务性动物所涉及国家或地区的准入许可、检疫证明等。
旅客未能遵守以上要求规定，因未照管好所携带的服务性动物而导致中国东方航空产生了任何财、物损失或其他费用，旅客应予以赔偿。
关于不符合相关服务性动物资质要求的动物，中国东方航空在符合一般安全标准实施运输的情形下，不为该服务性动物的患病、受伤以及由于该服务性动物患病和受伤而导致的死亡承担责任。
若旅客所携带的服务性动物被相关国家或地区政府拒绝过境或入境，中国东方航空不为此而导致的损失或费用承担无限责任。

 STATEMENT
Passenger shall assume full responsibility for the safety, well-being, and conduct of his or her Service Animal and is solely responsible for its interaction with other Passengers on board the aircraft.
Passenger is similarly responsible for compliance with all governmental requirements, regulations, or restrictions, including entry permits and required health certificates of the country, state, or territory from and/or to which Service Animal is being transported.
Any passenger who fails to control their animal in accordance with the above mentioned rules shall reimburse China Eastern for any loss, damage, or expense arising out Service Animal's behavior.
With respect to Animals that do not qualify as service animals, China Eastern will not be liable for illness or injury to an animal or death of an animal due to illness or injury to the extent the animal has been handled by China Eastern with ordinary safety standards.
China Eastern shall not be liable for loss or expense, without limitation, if any Service Animal is refused passage into or through any state or country.</td></tr>
<tr><td colspan="2">备注
Remark</td></tr>
</table>

图 10-4　服务性动物运输申请书

①盲人旅客单独旅行，需要承运人提供特殊服务的，必须在订座时提出申请，经承运人同意后，方可购票乘机。

②单独旅行的盲人旅客，在上下机地点应有人照料迎送。

③航班结束后，拍发旅客服务电报，并将相关资料存档。

2. 听觉障碍旅客

听觉障碍旅客指听觉严重障碍的旅客。

基于安全的考虑，未满 16 周岁的听觉残疾的儿童旅客不可单独乘机，必须有成人旅客陪伴同行。旅客可携带电子耳蜗或其他助听设备在整个航程期间使用，无须预先通知；携带助听犬的听觉障碍旅客，需在航班离站 24 小时前，在航班始发地向航空公司境内外直属售票处、境外销售总代理（GSA）及境内外授权售票处提出申请。

第四节　其他特殊旅客服务

一、特殊餐食旅客运输服务

旅客在订座时如提出要求特殊餐食服务，航空公司可以在进行机上餐饮服务时提供特殊餐食服务。

（一）一般规定

①航空公司因餐食供应地点条件的原因，特殊餐食的品种、数量供应不足，未满足旅客要求时，不承担相应责任。

②旅客申请特殊餐食必须提前预订，旅客在机场临时申请特殊餐食，必须符合航班始发地或经停点的配餐最短时间规定，否则，一般不予接受。

③旅客不得临时更改特殊餐食品种。

常见特殊餐食种类与缩写代码有：

婴儿餐 BBML；

儿童餐 CHML；

糖尿病人餐 DBML；

水果餐 FPML；

低热量餐 LCML；

低脂餐 LFML；

低盐餐 LSML；

无盐餐 NSML；

高纤维餐 HFML；

清淡餐 BLML；

海鲜餐 SFML；

素餐 VGML；

印度餐 HNML；

犹太餐 KSML；

穆斯林餐 MOML。

（二）值机与服务

①营业员在旅客的订座记录中应根据旅客的要求用特殊服务组（SSR）指令拍发特殊餐食的申请电报。

②值机员通过计算机系统或商务调度了解特殊餐食接受预订的情况。

③值机员将特殊餐食订妥情况反馈给旅客。

④根据订座信息或《特殊旅客（特殊餐食）乘机申请书》，做好座位的安排，对于有特殊餐饮习惯的旅客（如清真、素食旅客），应在条件允许的情况下，与普通旅客的座位分开安排。

⑤值机员填写《旅客特殊服务通知单》，并将旅客座位号和特殊餐食品种信息与客舱经理（乘务长）交接。

⑥如旅客在机场临时申请特殊餐食，值机员应向商务调度通报临时增加特殊餐食信息，商务调度通知配餐部门增加特殊餐食。

二、酒醉旅客运输服务

（一）定义

酒醉旅客指服用酒精、麻醉品或毒品，在航空旅行中明显会给其他旅客带来不愉快或造成不良影响的旅客。

（二）一般规定

①承运人有权根据旅客的言谈、举止，对旅客是否属于酒醉旅客自行判断决定。属于酒醉旅客的，承运人不接受运输。

②在旅客上机地点，对于酒后闹事，有可能影响其他旅客的旅途生活的酒醉旅客，承运人有权拒绝其乘机。

③在飞行途中，发现旅客处于醉态，不适合旅行或妨碍其他旅客时，机长有权在机上采取措施，制止其行为或令其在下一个经停地点下机。

④酒醉旅客被拒绝乘机的，如需退票，按非自愿退票处理。

三、罪犯（犯罪嫌疑人）运输服务

（一）定义

罪犯（犯罪嫌疑人）旅客指受国家现行法律管束的人，包括犯罪嫌疑人。承运人按有限条件承运罪犯（犯罪嫌疑人）旅客，按普通旅客对罪犯（犯罪嫌疑人）旅客提供运输服务，并有权根据情况暂时拒绝承运罪犯（犯罪嫌疑人）旅客。

（二）一般规定

①在有特别重要旅客（VVIP）或一般重要旅客（VIP）乘坐的航班上，不得承运押送罪犯（犯罪嫌疑人）旅客。

②因执行押解任务而需要乘坐承运人公司航班时，需向承运人公司相关部门出具由机场公安机关出具的审批表、执行押解任务的司法机关所在单位的介绍信、押解人员的工作

证件和相关法律文书。

③对罪犯（犯罪嫌疑人）旅客未采取防范措施和不能确保安全的情形，不予接收。

④执行罪犯（犯罪嫌疑人）旅客押解任务实行"谁押解、谁负责"的原则。

⑤公安部门应在订座时提出犯人运输申请，经承运人同意后，方可运输罪犯（犯罪嫌疑人）旅客。运输罪犯（犯罪嫌疑人）旅客的全航程，押解警力要三倍于罪犯（犯罪嫌疑人）旅客。

⑥押解人员乘机时不得携带武器进入客舱。

⑦押解中不允许罪犯（犯罪嫌疑人）旅客单独行动。

⑧罪犯（犯罪嫌疑人）旅客先于其他旅客登机，最后下机。

⑨不得向无关人员透露罪犯（犯罪嫌疑人）旅客运输的信息。

⑩一般情况下，承运人航班的被押解人不得超过3人（含3人）。

（三）座位安排

①罪犯（犯罪嫌疑人）旅客只能被安排在经济舱最后排中间座位，尽可能远离其他旅客。

②不得安排罪犯（犯罪嫌疑人）旅客座位在靠窗或走道座位或应急出口处。

③押解罪犯（犯罪嫌疑人）旅客的人员座位在被押解人员座位两旁。

四、携带人体捐献器官的人体器官获取组织人员运输服务

器官运输是一场生命与时间的赛跑，每一颗捐献的人体器官都是生命的又一次延续。国内部分航空公司开通了人体捐献器官转运绿色通道，实现人体捐献器官转运的快速通关与优先承运，尽全力保障绿色通道的安全、有效、便捷、畅通。

为保障绿色通道的畅通，人体器官获取组织（organ procurement organization，OPO）的工作人员，在乘坐航空公司航班转运人体捐献器官前需了解以下事项，并做好相关准备工作。

①至少在航班起飞前4个小时提出运输需求，告知航空公司所携带的人体捐献器官类型、包装尺寸、涉及的危险品等信息。

②准备《移植中心器官接收确认书》原件和两份副本，乘机当日向始发站航空公司值机部门和机场安检部门提供，注明所运输器官的合法来源、用途、联系人姓名及联系电话等。

思考与练习

1. 简述重要旅客的定义和分类。
2. 简述对无成人陪伴儿童的服务要点。
3. 简述病残旅客的分类有哪些？
4. 说明罪犯（犯罪嫌疑人）运输服务的运输要求。

即 测 即 练

自学自测　扫描此码

第十一章

不正常运输服务

不正常运输服务包括旅客运输不正常服务和航班运输不正常服务。不正常运输影响着航空公司的运行效率和服务质量，因此必须要重视和加强针对不正常运输情况的服务。本章主要介绍旅客运输不正常服务的情况和处理方式，以及航班运输不正常服务的分类和处理方式。

第一节　旅客运输不正常服务

客票售出后，或因客票填开时的差错，或因工作差错，或因航班飞行过程中出现的特殊情况，或因旅客乘机过程中的种种原因，而使旅客未能如期完成客票上所列航程的旅行，称之为旅客运输不正常。旅客运输不正常主要包括误机、漏乘、错乘、登机牌遗失和航班超售等情况。

一、误机、漏乘、错乘

（一）旅客误机

1. 定义

旅客误机是指旅客未按规定的时间办妥乘机手续或因旅行证件不符合规定而未能搭乘上指定的航班。

2. 处置

①旅客如误机，应到原购票地点办理客票变更或退票手续。

②旅客误机后，如改乘后续航班，在后续航班有空余座位的情况下，承运人应积极予以安排，不收误机费（团体旅客除外）。

③旅客误机后，如要求退票，承运人应按规定收取误机费。因承运人原因造成旅客误机，旅客要求退票，按非自愿退票处理。

④团体旅客误机，客票作废，票款不退（承运人原因除外）。

⑤旅客误机后，如改乘后续航班，应在客票"票价计算"栏内加盖"误机 NOSHOW"印章，并注明误机时间。

（二）旅客漏乘

1. 定义

旅客漏乘是指旅客在航班始发站办理乘机手续后或在经停站过站时未搭乘上指定的

航班。因此按照旅客类型分类，可分为过站旅客漏乘与始发旅客漏乘。

2. 处理

①由于旅客原因造成漏乘，旅客要求退票，按误机有关规定办理，应到原购票地点办理退票手续，承运人可以收取适当的误机费。若发生在航班始发站，按误机有关规定处理，即旅客可办理改乘后续航班，也可以办理退票；若发生在中途站，不得改乘后续航班，按旅客自动终止旅行处理，该航班未使用段的票款不退。

②由于承运人原因导致旅客漏乘，承运人应当尽早安排旅客乘坐后续航班成行。如旅客要求退票，始发站应退还全部票款。经停站应退还未使用航段的全部票款，均不收取退票费。

（三）旅客错乘

1. 定义

旅客错乘是指旅客乘坐了不是客票上列明的航班。

2. 处理

①由于旅客原因错乘

若始发站发现错乘，承运人安排错乘旅客搭乘飞往旅客客票乘机联上列明地点的最早航班，票款不补不退；若在中途站发现旅客错乘，应中止其旅行，承运人应安排错乘旅客搭乘飞往旅客客票上列明的目的地的直达航班，票款不补不退。

②由于承运人原因导致旅客错乘

承运人应向旅客赔礼道歉，妥善安排，承担错乘等候后续航班期间的膳食费用。

在始发站发现旅客错乘，应中止其旅行，承运人应尽量安排错乘旅客搭乘最早飞往旅客客票上列明的地点的最早的直线航班；如旅客要求退票，按非自愿退票处理。在中途站发现旅客错乘，应中止其旅行，承运人应尽量安排错乘旅客搭乘飞往旅客客票上列明的目的地的直达航班；如旅客要求退票，按非自愿退票处理，退还自错乘地点至旅客客上列明的目的地。但是，任何情况下退款都不得超过旅客实付票款。

二、登机牌遗失

登机牌（boarding pass/boarding card）是机场为乘坐航班的乘客提供的登机凭证，乘客必须在提供有效机票和个人身份证件后才能获得，登机牌也称为登机证或登机卡。

登机前，如旅客声明纸质登机牌遗失，可按下列程序处理。

①核验客票和旅客本人及其有效身份证件是否一致。如挂失时旅客已通过安检，应会同安检部门核查。

②如属于团体旅客，应核查该团体实际人数。

③经核查确认属本航班旅客并已办理乘机手续，可予以补发新登机牌，但该补发登机牌在登机前不应交予旅客。如旅客未通过安检应予以协助。

④补发的登机牌，应填上原座位号。如属团体旅客不能确定座位号时，应注明"候补"字样。

⑤登机完毕，航班旅客人数相符，方可允许该旅客登机，同时发给补发的登机牌。

⑥如航班登机人数不符，应查明原因，参照本节以上各条的规定处理。

⑦对于故意行为的无票乘机旅客，必要时应交机场公安保卫部处理。

三、航班超售

（一）航班超售的定义

航班超售指各航空公司为避免座位虚耗，最大限度地提高飞机的座位利用率，在特定的时间内对特定航班进行超出飞机的最大座位数（经济舱座位数）销售的行为。

旅客订票后并未购买或购票后在不通知航空公司的情况下放弃旅行，从而造成航班座位虚耗。为了满足更多旅客的出行需要和避免航空公司座位的浪费，航空公司会在部分容易出现座位虚耗的航班上，进行适当的超售。这种做法对旅客和航空公司都有益，也是国际航空界的通行做法。

超售适用国际、地区及国内定期航班，但不适用于包机航班、持航空公司职员（ID）、代理人（AD）免优票及折扣票的旅客。

下列旅客在发生航班超售情形下须优先保障其座位。

①执行国家紧急公务的旅客。

②经公司同意并事先做出安排的有特殊服务需求的旅客，保证具备乘机条件的残疾人及其陪伴人员的运输。

③高舱位旅客。

④航空公司贵宾会员旅客。

⑤订妥联程航班座位或转机衔接时间较短的旅客。

⑥证明有特殊困难急于成行的旅客。

（二）一般规定

①由于超售等非旅客原因，造成航班座位超员或实际可利用座位数减少，航空公司允许临时从该航班上拒载部分已经预订座位的旅客。

②航空公司对非旅客原因（即承运人强制行为）被拒载的旅客承担相应责任。

③航空公司向放弃索赔权的被拒载旅客进行经济或其他方式补偿。

④当超载导致航班超售时，应按照载重平衡相关规定拉卸货物、行李及旅客。

（三）处理方法

当航班出现超售时，将首先寻找自愿放弃座位的旅客，各航空公司也将根据相关规定给予旅客一定补偿；当没有足够的旅客自愿放弃座位时，根据规定的优先登机原则拒绝部分旅客登机，对被拒绝登机的旅客提供相应的服务并给予一定补偿。

1. 准备

地面保障部门或相关机场航站在得知某个航班超售时，应及时做好拒载旅客安置的准备工作。

①根据航班订座情况及航班座位控制部门提供的信息，核实航班订座情况，扣除免票旅客后检查航班是否还存在超售，但持团体优惠票、积分兑换免票的旅客除外。

②根据旅客订座分类，选择家庭和闲散类的散客，拟定自愿弃乘旅客名单。

③及时掌握本公司和共享航班上其他航空公司航班的订座情况，为旅客改签做好准备。

2. 非自愿变更舱位

当航班某一舱位确实发生超售，在其他舱位至航班结载仍有空余座位时，可采用非自愿变更舱位等级操作为超售旅客安排座位。

（1）非自愿由低等级舱位变更至高等级舱位（升舱）

①采取逐级升舱方式，即由经济舱升公务舱、由公务舱升头等舱。

②升舱后的旅客不享受高等级舱位的免费行李额和地面服务标准，不享受高等级客舱服务标准；升舱后的常旅客里程按照原舱位等级进行里程累计；团体旅客及携带婴幼儿的旅客通常不予安排。

③选择非自愿升舱旅客的条件。

- 非团体成员的旅客。
- 无特殊服务需求或不需要特殊照顾的旅客。
- 不携带婴儿或儿童的旅客。
- 穿着正装（含休闲正装）的旅客。

④升舱次序。

- 重要旅客。
- 金、银卡旅客。
- 高等级舱位旅客。

（2）非自愿由高等级舱位变更至低等级舱位（降舱）

①采取逐级降舱方式，即由头等舱降至公务舱、由公务舱降至经济舱。

②降舱后的旅客仍享受高等级舱位的免费行李额和地面服务标准，票价差额的处理按实际舱位分别计算。

③在纸质客票的乘机联和旅客联上直接加盖降舱印章，须当日值班主任签名，并告知旅客凭客票的旅客联和登机牌到原出票处办理退款手续。

④对于电子客票旅客，若旅客持有行程单，则在行程单上盖降舱印章，须当日值班主任签名，并告知旅客凭行程单和登机牌到原出票处办理退款手续。若旅客未持行程单，为旅客开具电子客票非自愿降舱证明，须当日值班主任或相关领导签名，并告知旅客凭电子客票非自愿降舱证明和登机牌到原出票处或办事处办理退款手续。

3. 航班实际超售，拉卸旅客的操作

①由于航空公司原因或其他非旅客等原因，造成航班实际超员，无法安排旅客乘坐本航班的情况下，允许临时从该航班上拉卸部分已经预订座位的旅客。

- 拉卸旅客次序：无订座记录旅客→持优待折扣旅客→经动员后接受转乘的旅客→乘机航程最短的旅客→按次序持最低票面价格的旅客。
- 拉卸旅客原则：先无托运行李旅客，后有托运行李旅客；先普通旅客，后重要旅客；

先散客，后团体旅客；先最后办理乘机手续的旅客，后先办理乘机手续的旅客。

②由于非旅客原因（即承运人强制行为）造成航班实际超员，按照惯例，航空公司对符合下列条件的被拉卸旅客承担相应责任，并给予现金或其他方式补偿。

- 持有当次航班订妥客票的旅客。
- 持有 OK 客票的旅客。
- 按规定时间提前到达值机柜台办理乘机手续的旅客。
- 持有效旅行证件的旅客。

在对被拉卸旅客进行补偿的同时，航空公司仍有义务根据旅客要求，尽早安排旅客改乘其他航班成行。

第二节　航班运输不正常服务

不正常航班指由于天气或机械故障等原因造成的不能按公布的时间正常飞行的航班。不正常航班服务是指根据航班不正常情况提供相应的服务，其服务原则为：快速反应协调、有效配置资源、妥善安排旅客。

一、不正常航班的原因

①造成航班不正常的原因主要有天气、突发事件、空中交通管制、安检、旅客、工程机务、航班计划、运输服务、空勤人员等。

②按造成航班不正常的责任性质可分为承运人原因和非承运人原因两类。

- 承运人原因：工程机务、航班计划、运输服务、空勤人员原因。
- 非承运人原因：天气、突发事件、空中交通管制、安检、旅客原因。

二、不正常航班的类别

不正常航班大致可以分为航班延误、航班取消、航班合并、航班备降、航班转场、航班中断、航班改期、航班返航、罢乘旅客、占机旅客等情况。

（一）航班延误

1. 定义

航班延误指由于各种原因，飞机不能按照公布的时刻起飞，造成延误或取消当日飞行。航班未在客票列明的离站时间 15 分钟（部分机场按当地规定时间）之内正常起飞，即为航班延误。

大面积航班延误指由于天气、航空管制等原因造成一定数量的航班超过 4 小时以上的延误。大面积航班延误的定义由各航站、航空公司根据航班的具体数量和具体时间确定定义。

2. 工作流程

①航班延误站点的地面服务部门根据延误航班公布的预计离港时间，视具体情况适当延长相应值机柜台开放和关闭时间（适用国内运输的延误航班），按各地机场规定的时间

关闭柜台。

②地面服务部门应对重要旅客、老人、幼儿、无成人陪伴儿童、残疾人、孕妇、携带人体捐献器官的旅客等特殊旅客的需求给予特别关注和特殊服务。

③若因始发航班延误，造成已办理联程的旅客可能无法赶上后续航班时，始发站应收集联程旅客信息并做好后续航班信息统计后通知中转站，由中转站负责对后续航班监控，制订特殊保障方案并提供改签、改订航班或安排旅客食宿，并安排旅客次日航班成行。

④航班延误4小时以下：按各航空公司规定发放饮料、点心、正餐。航班延误时间正值用餐时间应提供正餐。

⑤航班延误4小时（含）以上，须按下列情况处理。

a. 由于公司原因航班延误，地面服务部门应按相关标准提供饮料、点心或正餐服务，并安排旅客宾馆休息。航班由于非公司原因延误且预计延误时间超过4小时（含）或取消，地面服务部门应根据旅客需求协助办理各项手续。

b. 地面服务部门应了解航班延误原因及预计起飞时间，安排专人陪同旅客至宾馆，并做好与宾馆方面的服务交接工作；因特殊情况而无法安排人员陪同旅客前往宾馆，地面服务部门应事先联系宾馆，要求宾馆方面代表公司安置旅客，但地面服务部门应与宾馆方面保持沟通，及时处置旅客在宾馆提出的相关服务需求。

c. 旅客入住宾馆后，地面服务部门应及时向宾馆通报航班动态信息，由宾馆通过电话、告示栏等形式告知旅客。

d. 旅客提出自行安排住宿，地面服务部门可视情况为旅客报销机场到旅客住所的往返交通费用，并将航班预计起飞时间告知旅客，同时提供地面服务部门联系电话，供旅客查询最新航班信息。

e. 航班起飞时间确定后，地面服务部门应及时将航班信息及宾馆发车时间通知旅客，或由宾馆方面代表公司通知旅客，并妥善安排地面运输车辆将旅客送回机场；地面服务部门必须至少在柜台关闭时间前1小时将旅客送达到达机场办理值机手续。

（二）航班取消

1. 定义

航班取消是指因预计航班延误而停止飞行计划，或者因延误而导致停止飞行计划的情况，并且该航班至少有一个座位被预订。

2. 工作流程

①航班取消一般在航班规定离站之日提前两天决定，如临时决定，不应迟于航班离站前一日15：00。

②销售服务部门使用后台系统迅速锁定订座系统，停止继续售票。

③对未能接到航班取消通知而按原定航班时间到达机场的旅客，地面服务部门应安排专门人员进行善后的服务工作。服务内容主要包括：

- 将航班取消的信息通知旅客。
- 根据市场销售部门提供的信息，耐心解释未能通知到旅客的原因。
- 根据旅客意愿，为其办理改签或退票手续。改签和退票不收取费用。

- 根据情况，按有关规定为改签旅客提供膳宿服务。
- 根据情况，填写《不正常航班旅客补助发放登记表》和《航班不正常服务费用清单》，为旅客提供经济补偿。

④将旅客及其行李运送至客票上列明的地点。可按下列方法操作。

- 征得旅客同意，办理客票更改、签转、退票手续。
- 安排本航空公司后续最早航班。
- 无后续本航空公司航班或后续航班无空余座位可利用时，签转给其他航班的承运人，其中联盟成员航空公司的航班优先。
- 安排陆路运输或其他运输方式。
- 后续航班机型变更造成旅客舱位等级变更，非自愿办理客票更改、签转、退票。

（三）航班合并

航班合并指将相同航程的不同航班合并为一个航班的飞行。

（四）航班备降

1. 定义

航班备降是指飞机在执行某一目的地航班任务时，由于天气、航路、机械故障等原因不能降落在指定机场而改降至备降机场。受突发情况或不可抗力影响，航班临时更改目的地，或在非计划的中途经停地加降，又或飞越指定经停地，均属航班备降。

2. 工作流程

①备降航班牵涉的所有航站必须将航班备降信息（包括新的起降时间）事先公布，便于旅客迎送和转机。

②客运服务部门接到航班信息后，应确认旅客是否需要下飞机。如需下飞机，客运服务部门应安排好客运人员负责返航航班的接机工作，并安排在指定候机区域内，提供相应的地面服务。

③航班起飞后备降其他机场，客运服务部门应关注航班动态，以及对后续航班的影响，做好启动航班处置预案的准备。

④对于备降本站的航班，客运服务部门接到航班备降信息后，应事先了解备降航班原因、航班预计时间、各舱位旅客人数、特殊旅客服务信息，做好人员安排和相关物品准备，根据航空公司规定提供相应的地面服务。

⑤一般禁止旅客在备降航站（中途加降）终止旅行，特殊情况（病危、伤亡等）除外，但必须事先征得当地有关当局批准。终止旅行旅客的行李必须同时卸机。

⑥承运人迅速为旅客办理客票退、改、签手续及提供相应的地面服务。

⑦承运人尽可能在航班备降时安排重要旅客、头等舱旅客、公务舱旅客、特殊旅客在专用地点休息候机。

⑧如备降航班有无成人陪伴儿童等特殊服务旅客，承运人需及时与接机人取得联系，告知航班情况。

⑨备降航班取消，服务操作同取消航班。

（五）航班转场

航班转场指航班因各种不正常情况需要改变起降机场。

（六）航班中断

1. 定义

航班中断指航班在到达经停站后，取消后续航段飞行，致使航程中断。航班中断飞行后，使用承运人后续航班。如无承运人后续航班或后续航班无可利用座位，可使用其他承运人的航班。根据情况也可以使用地面运输或其他运输方式。

2. 工作流程

①航班中断飞行后，使用其他航班运输旅客，应分别按不同的接运航班，根据原客票旅客联，填制"飞行中断旅客舱单"（FIM）（如图 11-1 所示）作为运输的凭证。

中国南方航空股份有限公司
China Southern Airlines Co., Ltd.

| 国内航线客运航班中断舱单 | | | | | | | | 1 784 4500 | | | | |

交运航空公司：				接运航空公司：					第二接运公司：			
承运公司	航班号	日期	中断地	承运公司	航班号	日期	自：	至：	承运公司	航班号	日期	自： 至：

序号	旅客姓名	客票号码					ET	票价级别及旅客类型	舱位	
		票联	航空公司代号	客票顺序号		检查号			第一段舱位	第二段舱位
1										
2										
3										
4										
5										
6										
7										
8										
9										
10										
11										
12										
13										
14										
15										
16										
17										
18										
19										
20										
21										
22										
23										
24										
25										
	逾重行李							逾重行李重量	逾重行李票张数	
1E										
2E										
旅客合计数：		交运航空公司签字及盖章：				接运航空公司签字及盖章：				

一式三联，分配如下：
第一联（白色）：交接运航空公司
第二联（黄色）：与适用乘机联一并交南航股份公司结算中心
第三联（粉红色）：填制单位留存

图 11-1　飞行中断旅客舱单

②对继续乘机的旅客,如需要提供膳宿服务,按承运人原因航班延误的有关规定办理。

③如旅客取消继续乘机,按自动终止乘机办理。如旅客要求退票,按非自愿退票的规定办理。改变航程的旅客应另行购票。

(七)航班改期

航班改期指航班因各种不正常情况需要改变飞行日期。

(八)航班返航

1. 定义

航班返航指在飞行途中,由于受到天气变化、突发事件、空中交通管制等原因,不能继续执行航班飞行任务,飞机返回始发地降落。

2. 工作流程

(1)飞机返航后,旅客运送服务部门应及时向生产调度室了解航班返航的原因、返航航班的飞机号、旅客人数和预计起飞等信息。

(2)承运人根据需要组织旅客下飞机,对返航航班的旅客,按航空公司航班不正常的有关规定提供服务。

(3)旅客下飞机以后需广播通知并引导其前往不正常航班旅客休息大厅休息,并耐心做好解释工作。

(4)旅客再次登机时,应重新核查人数。

思考与练习

1. 旅客运输不正常服务主要包括哪些情况?
2. 简述航班超售的定义、原因及处理方法。
3. 根据责任性质简述造成航班不正常的原因。
4. 简述航班延误的处理方式。

即 测 即 练

自学自测　　扫描此码

参 考 文 献

[1] 何蕾，王益友. 民航机场地面服务（第三版）. 北京：化学工业出版社，2020.

[2] 陈烜华，陈文华，庞敏. 民航机场地勤服务. 北京：清华大学出版社，2019.

[3] 中国航空运输协会. 民航旅客地面服务（初级、中级、高级）. 北京：中国民航出版社，2020.

[4] 马松伟，李永，周为民，苗俊霞，杨桂芹. 民用航空地面服务与管理，北京：清华大学出版社，2015.

[5] 中国民用航空局职业技能鉴定指导中心. 民航客运员技能篇（初级、中级、高级）. 北京：中国民航出版社，2015.

[6] 田静，游婷婷. 机场旅客服务. 北京：中国民航出版社，2015.

[7] 中国民用航空局. 公共航空运输旅客服务管理规定（CCAR-273）. 2021.

[8] 中国民用航空局. 民用航空安全检查规则（CCAR-339-R1）. 2016.